编 委 会

地市级媒体融合的"东报传媒"模式

林仲轩 主编

暨南大学出版社
JINAN UNIVERSITY PRESS

中国·广州

图书在版编目（CIP）数据

地市级媒体融合的"东报传媒"模式 / 林仲轩主编.
广州 ：暨南大学出版社，2024. 10.
ISBN 978-7-5668-3966-4

Ⅰ．G219.2

中国国家版本馆 CIP 数据核字第 20240EB294 号

地市级媒体融合的"东报传媒"模式
DI SHI JI MEITI RONGHE DE "DONGBAO CHUANMEI" MOSHI
主　编：林仲轩

出 版 人：阳　翼
策划编辑：冯　琳　颜　彦
责任编辑：林　琼
责任校对：刘舜怡　王雪琳
责任印制：周一丹　郑玉婷

出版发行：暨南大学出版社（511434）
电　　话：总编室（8620）31105261
　　　　　营销部（8620）37331682　37331689
传　　真：（8620）31105289（办公室）　37331684（营销部）
网　　址：http：//www. jnupress. com
排　　版：广州市新晨文化发展有限公司
印　　刷：广州市金骏彩色印务有限公司
开　　本：787mm×1092mm　1/16
印　　张：16. 25
字　　数：215 千
版　　次：2024 年 10 月第 1 版
印　　次：2024 年 10 月第 1 次
定　　价：98. 00 元

▶ 前　言

　　自习近平总书记在 2013 年全国宣传思想工作会议上提出"加快传统媒体和新兴媒体融合发展"以来，我国的媒体融合工作日渐走深，"中央—省—市—县"联动互通的媒体融合传播体系逐渐形成。从最初的中央级媒体机构、地方传媒集团牵头，到把县级融媒体中心建设上升到国家战略层面上来，我国的媒体融合基本沿着"抓两头、促中间"的渐进式发展路径展开。在此背景下，我国传播格局开始出现"头部崛起"和"尾部翘起"的两头翘局面①，而作为"腰部媒体"的地市级媒体则在"上下夹击"中艰难地进行着"中部突围"的路径探索②。

　　2020 年，中共中央办公厅、国务院办公厅印发的《关于加快推进媒体深度融合发展的意见》明确指出要"完善中央媒体、省级媒体、

---

① 郑雯、张涛甫：《媒体融合改革中的"腰部塌陷"问题》，《青年记者》2019 年第 25 期，第 63－64 页。

② 谢新洲、石林：《"上下夹击"与"中部突围"：我国地市级融媒体发展研究——基于四市媒体融合发展的实地调研》，《现代传播（中国传媒大学学报）》2019 年第 12 期，第 1－8 页。

市级媒体和县级融媒体中心四级融合发展布局"，① 将地市级媒体作为重要组成部分纳入媒体融合的国家战略之中。地市级媒体是联结中央与基层的"中场"力量，扮演着承上启下的关键角色，因而对于推进媒体的深度融合发展具有举足轻重的作用。

当下，我国各地市级媒体普遍在依托既有资源优势与区域禀赋、顺应政策制度变化和技术发展态势的基础上，积极布局融媒体传播，逐渐适应了数字化、智能化、移动化的发展趋势，初步形成了集内容多样性、渠道丰富性、服务精准性、技术先导性等于一体的融媒体发展路径。然而，在顶层设计相对模糊、评价体系尚不健全的情况下，各地市级媒体的融合发展在一定程度上存在着跟风布局求大求全、融合发展定位模糊等诸多问题。② 从媒介地理学的视角来看，从属于某个"地方"的传播媒介之发展，总是会受到该地经济文化发展水平、文化风俗传统、社会民众需求等多方面因素的影响。因而，允许各地市级媒体因地制宜、开展不同模式的路径探索，就成为促进媒体深度融合发展的必要手段。

多年来，东莞日报社（东莞报业传媒集团）紧紧跟随媒体融合的政策部署，在新媒体、新技术、新理念的不断冲击下，陆续开展了多轮媒体融合的实践探索，取得了一定的成果。2020 年以来，东莞日报

---

① 新华社：《中共中央办公厅　国务院办公厅印发〈关于加快推进媒体深度融合发展的意见〉》，https：//www. xinhuanet. com/politics/zywj/2020 - 09/26/c_1126542716. htm，2020 年 9 月 26 日。

② 黄楚新、郭海威、许可：《多位一体与多元融合：中国地市级媒体融合发展进路》，《新闻爱好者》2023 年第 3 期，第 41 - 44 页。

社党委更是成立了媒体融合改革领导小组，通过制订出台《东莞日报社推动媒体融合发展三年行动计划（2020—2022）》《东莞日报社媒体平台建设三年规划》《东莞日报社推进媒体高质量发展三年行动计划（2024—2026）》等文件，逐步形成了"锚定一个目标、打造两个生态、坚持四个赋能、实施六大行动"的工作思路，坚实地将媒体融合作为"一把手工程"全力推进，形成了一套既符合中央精神又具有东莞特色的媒体融合发展模式。

本书以东莞日报社为主要研究对象，从融合发展理念、体制机制融合、融合新闻生产、多元媒介经营、社会治理参与等方面入手，意在以其为样本，通过梳理具体的案例与数据，重点分析地市级媒体融合发展经验，并为其他地市级媒体提供可以参考的路径与模式。

总体来看，近年来，东报传媒在新闻采编、导向管控、内容生产、技术焕新、传播渠道、传播平台、传播效果、信息服务、运营创新、用人分配、媒体管理等方面取得了不俗的工作成效，探索出了一条切实可行的路径，既符合中央精神，又充分结合了地方实际情况。这一模式不仅为东莞的媒体机构提供了持续创新和发展的动力，更为全国其他地市级媒体在数字化、智能化转型中提供了宝贵的参考经验。

目前，媒体的深度融合已经走入了"深水区"。如何加快打破原有组织架构、打破平台界限、重塑体制机制，主动与国家战略和中央决策部署对标对表，立足本土优势资源进行统筹谋划，激活媒体内部人员的主动性、积极性和创造性，成为全国各地市级媒体需要主动思考的关键问题。随着技术的快速进步和受众需求的日益多元化，媒体融合发展将面临新的机遇与挑战。东报传媒及其他地市级媒体应继续保持前瞻性思维，积极探索新技术应用，优化内容生产流程，进一步提升服务质量与传播效能。同时，地方媒体在全球化背景下，应更加注重本土文化的传承与创新，在融合发展的浪潮中，找准定位，为中国媒体的深度融合发展注入更多的信心与活力！

本书编写组

2024 年 8 月

C O N T E N T S 　目录

▶ 绪　论

一、新时代背景下的媒体融合

新时代以来的媒体融合实践，是在习近平新时代中国特色社会主义思想指导下开展的媒体改革与转型实践。2013 年 8 月 19 日，习近平总书记在全国宣传思想工作会议上提到，要"加快传统媒体和新兴媒体融合发展，充分运用新技术新应用创新媒体传播方式，占领信息传播制高点"。2014 年 8 月 18 日，中央全面深化改革领导小组第四次会议审议通过了《关于推动传统媒体和新兴媒体融合发展的指导意见》。2018 年以来，我国的媒体融合实践进入了由量变到质变的纵深推进阶段。2018 年 8 月 21 日，习近平总书记在第五次全国宣传思想工作会议上提出"要扎实抓好县级融媒体中心建设，更好引导群众、服务群众"。2019 年 1 月 25 日，习近平总书记在十九届中央政治局第十二次集体学习中指出，"要运用信息革命成果，推动媒体融合向纵深发展，做大做强主流舆论，巩固全党全国人民团结奋斗的共同思想基础，为实现'两个一百年'奋斗目标，实现中华民族伟大复兴的中国梦提供强大精神力量和舆论支持"。

2020 年 9 月，中共中央办公厅、国务院办公厅印发的《关于加快推进媒体深度融合发展的意见》从重要意义、目标任务、工作原则等方面明确了媒体深度融合的总体要求，提出了"推动主力军全面挺进主战场""走好全媒体时代群众路线""以先进技术引领驱动融合发展""大力培养全媒体人才"和"形成政策保障体系"等具体要求，并明确了要以"中央媒体、省级媒体、市级媒体和县级融媒体中心"为主体建设"四级融合发展布局"与全新的媒体发展体系。[①]

十年来，中国的媒体融合实践以内容建设为发展的根本，经历了技术驱动、体制变革、流程再造、管理创新等一系列的融合历程，在社会深度媒介化的进程下基本建成了具有中国式现代化特色的全媒体传播体系。

近年来，国家不断完善支持地市级融媒体建设发展的配套政策。2022—2023 年，中宣部和国家广电总局接连发布了《推进地市级媒体加快深度融合发展实施方案》《市级融媒体中心总体技术规范》《市级融媒体中心数据规范》《市级融媒体中心接口规范》《市级融媒体中心网络安全防护基本要求》《市级融媒体中心技术系统合规性评估方法》等文件与标准，为我国的地市级媒体融合建设提供了发展指引与建设标准。

然而，相比于体量较大的中央媒体和省级媒体，或是受到更大政策扶持力度的县级融媒体中心，我国的地市级媒体虽积极响应着国家媒体融合的发展号召，但受其所处的层级和角色所限，对上面临着中央媒体、省级媒体等"头部媒体"的"下沉"与"挤压"，对下又受到县级融媒体所产生的"长尾效应"的持续影响。我国的传播格局一

---

① 宫承波、孙宇：《习近平总书记关于媒体融合重要论述的演进脉络及目标指向》，《中国出版》2021 年第 3 期。

度出现了"头部崛起"和"尾部翘起"的局面，大量地市级媒体在定位模糊、生存艰难的"腰部困境"下，亟须找到一条既符合中央精神与行业趋势、又符合地方实际发展情况的媒体融合突围路径。

二、东报传媒——南方地市级媒体融合探索的践行者

东报传媒，即东莞日报社（东莞报业传媒集团），为东莞市直正处级事业单位，归口中共东莞市委宣传部管理，承担市委机关报《东莞日报》以及《东莞时报》、东莞时间网、"东莞＋"客户端等子媒的采编工作。其中，《东莞日报》的前身是《东莞市报》，于 1986 年 6 月 1 日创刊，最初以 4 开 4 版的周刊形式出版。乘着改革开放的春风，《东莞市报》于 1989 年 1 月 1 日向全国发行。1995 年，《东莞市报》扩办为《东莞日报》。2006 年，在国家政策的有力推动、行业竞争的不断催化、媒体实践的变化演进背景下，东莞日报社在其社庆 20 周年之际提出了"改变""改制""改版""改址"的"四改"口号，开始了近 20 年的媒体融合实践探索。2006 年为《东莞日报》媒体融合改革发展的起点。2007 年，东莞日报社发力网络建设，正式开通了东莞报业网（后改名为"东莞时间网"），并上线《东莞日报》电子版；2008 年，创办了旗下都市类报纸《东莞时报》。以网站的建设和时报的创办为标志，东莞日报社开启了第一阶段的媒体融合探索——传统的《东莞日报》开始向跨媒体、多元化的现代媒体形态转变。2010 年 6 月，东莞报业传媒集团正式成立，开启了媒体集团化发展的新征程。

如果说 20 世纪 90 年代，以门户网站为主要平台、以信息聚合为主要方式的媒体融合对于地方主流媒体尤其是报纸媒体的冲击还不是那么明显，那么进入 21 世纪以来，以移动互联平台发展、用户个体驱

动传播为特征的深度媒介化变革，将报纸、广播、电视等一众传统主流媒体卷入与微博、微信、客户端等空前激烈的信息传播与市场竞争之中。以刊登广告"二次销售"为主要商业模式的传统主流媒体出现了收入断崖式下跌的危机局面。尽管《东莞日报》是广东省发展状况较好的地市级主流媒体，但在新媒体、新技术、新理念浪潮的不断冲击下，也亟须开启新一轮的媒体融合实践探索。2012年以来，东莞日报社先后通过开设"东莞日报优生活"微博和微信公众号、上线东莞日报分类广告网上预订和支付平台、设立新媒体发展中心、上线"i东莞"客户端、组织媒体融合训练营等形式，为自身的转型发展注入互联网基因。2016年，在《东莞市推动传统媒体和新兴媒体融合发展实施方案》（东委办〔2016〕5号）等文件精神的指引下，上线了东莞日报社全媒体"中央厨房"1.0版本，成立了集团全媒体经营中心，不仅以融合了"报网端微屏"的全媒体报业经营为东莞日报社转型升级的主要突破口，更形成了适应于移动互联网传播需求的一体化内容生产流程。在进一步创新视觉效果、丰富版面栏目、改革新闻文风的基础上，《东莞日报》、《东莞时报》、东莞时间网及"i东莞"客户端开始发力技术建设，开始了基于大数据、云计算、智能化、移动互联的媒体平台建设，并以"互动性、融合性、社区化、本土化"为方向做好内容。

2020年，东莞日报社党委更是成立了媒体融合改革领导小组，通过制订出台《东莞日报社推动媒体融合发展三年行动计划（2020—2022)》《东莞日报社媒体平台建设三年规划》，把媒体融合作为"一把手工程"全力推进，提出对东莞日报社进行媒体治理体系改革和媒体产品供给侧改革，打造媒体深度融合工程、智慧媒体平台工程、全域融媒矩阵工程，开展新闻精品创优行动、传媒产业突破行动、体制机制创新行动、全员素质提升行动。2024 年，又集全社之力、汇各方之智，研究制订了《东莞日报社推进媒体高质量发展三年行动计划（2024—2026）》，以"锚定一个目标、打造两个生态、坚持四个赋能、实施六大行动"为工作思路，奋力推进一流新型主流媒体和一流新型传媒集团建设。

目前，东莞报业传媒集团初步实现了媒体融合的纵深发展。对比自身于 21 世纪初启动媒体融合实践探索之时，已经形成了坚持以改革创新为动力、以平台建设为重点、以先进技术为支撑、以内容生产为根本、以加强管理为保障、以人才队伍为关键的媒体融合发展理念，强化了传统媒体和新兴媒体在内容、渠道、平台、技术、经营、管理、人才等方面的深度融合。东报传媒已发展成集新闻宣传、信息传播、发行物流、活动策划、教育培训、编辑出版、舆情智库、文化创意、新媒体代运营等多种业态为一体的传媒集团，旗下有 2 份报纸、1 个网站、1 个新闻客户端、一批新媒体公众号、11 个经营实体、近 1000 个户外阅报栏。《东莞日报》年发行量 15 万份，"东莞＋"客户端下载量突破 1200 万，东莞日报官微粉丝量突破 120 万，全媒体矩阵覆盖人群超过 2500 万。代运营市、镇各种媒体 50 多个，其中代运营的"严实莞家"微信公众号平均阅读量进入全国同类政务号前十，"粤工惠"App 荣获"网聚职工正能量　争做中国好网民"全国奖等 8 个奖项。2023 年集团总收入达 3.28 亿元，同比增长约 5.6%。

东报传媒综合实力、传播力、影响力、竞争力在全国地市级党媒中处于领先位置，一直是"全国十大地市报品牌"，近年来荣获"改革开放四十年·报业经营管理先进单位"、"十三五"中国报业媒体融合优秀单位、"中国传媒经营百强榜·全国城市日报十强"（第二名）、"中润杯"报业物资供应工作先进集体、全国精品级报纸、城市党报

"双胜利"宣传工作先进集体、城市党报媒体深度融合工作先进集体、全国传媒经营"金推手"优秀品牌新媒体奖等称号。东视频项目、全媒体名记者名编辑工作室项目获评2021年度全国地方党媒融合发展创新示范项目、优秀项目；东报智库、东莞图库荣获2023年度全国地方党媒融合发展创新示范项目、优秀项目；智能媒体资源管理系统荣获2023年王选新闻科学技术奖（项目奖）三等奖。近年来每年有5000多件作品被学习强国平台和人民号、央视频等国家级媒体采用转发，100多件作品荣获各级新闻奖项，获奖数量和质量稳居地市级党报第一方阵。

《东莞日报》及东莞报业传媒集团发展出了较有地域特色的媒体融合经验模式，但相较于中央媒体、省级媒体来说，还需进一步扎实推进自身媒体融合建设，从"腰部困境"中突围，开创更美好的明天。

三、本书内容

当下移动互联网时代，如何推进媒体融合发展，是时代之问，也是当代媒体人的必答之题。当前，地市级媒体融合正处在由快速发展迈向全面推进的转型迭代期，具体表现为政策导向、市场驱动与自我变革等多重背景下的纵深发展与创新迭代。各地市级媒体在共性特征与特色经验方面探索出了具有参考意义的创新模式，包括生产方式、传播渠道、体制机制、综合运营以及社会治理等，这些模式创新对于地市级媒体深度融合具有深远影响。①

---

① 许可：《地市级媒体融合的模式创新》，中国社会科学网，https://www.cssn.cn/skgz/bwyc/202309/t20230928_5688414.shtml，2023年9月28日。

多年来，东报传媒在党和国家媒体融合发展的顶层设计、行业整体的发展态势下，结合本土实际情况，在不断的改革与创新实践中形成了具有自身特点的媒体融合发展模式，其相关工作经验值得被借鉴与推广。基于此，本书旨在于媒体融合如火如荼地向纵深推进的趋势和背景下，探讨东报传媒在地市级媒体融合实践过程中所形成的经验特点与路径模式。

方法上，本书将主要基于课题团队对媒体融合相关文献资料的梳理和对东莞日报社（东莞报业传媒集团）的田野调查展开论述。其中，课题团队于 2023 年 8 月、10 月、11—12 月多次进入东莞日报社开展了新闻编辑室（news room）式的田野调查。积累了 30 小时以上的深度访谈与焦点小组访谈、为期 2 个工作周的参与式观察田野笔记及大量文件材料。

结构上，本书分为上、下两编。上编主要从宏观的研究视角切入，探讨媒体融合的理论发展与政策指向，以此来观照乃至分析全国各地媒体融合的实践模式，重点关注广东各地的媒体融合探索实践与经验，总结现阶段我国媒体融合实践的发展模式与成功经验。下编则在地市级媒体融合如火如荼推进的当下，以东莞日报社（东莞报业传媒集团）为主要研究对象，从融合发展理念、体制机制融合、融合新闻生产、多元媒介经营、社会治理参与五个方面具体梳理地市级媒体融合发展的东莞经验。最后，试图结合国家的政策导向、全国各地的实践做法、广东其他媒体机构的融合经验，阐明东莞地市级媒体融合发展模式的先进性，并根据现阶段遇到的问题和困难，提出助推发展的路径与建议。

新时代以来的媒体融合实践，是在习近平新时代中国特色社会主义思想指导下开展的媒体改革与转型实践。以东莞日报社（东莞报业传媒集团）为研究对象，探讨地市级媒体融合发展的东莞经验与模式，需要先从宏观层面上厘清媒体融合的理论发展与政策指向。在明确媒体融合的内涵与外延的基础上，廓清全国各地主流媒体在融合实践中形成的成功模式及特色经验，分析广东媒体（珠三角地区、粤东、粤西、粤北）的媒体融合差异与共同之处，能够在新时代中国媒体融合实践的时空坐标系下为东莞日报社的媒体融合找准位置与方向。

本书上编设置了媒体融合实践的理论发展与主要方向、我国媒体融合政策的发展变迁、全国各地媒体融合的实践模式、广东媒体融合的探索经验四个章节，在充分探讨"媒体融合是什么""全国各地主流媒体是如何开展媒体融合实践的""广东省各地主流媒体是如何开展媒体融合实践的"的基础上，总结东莞日报社媒体融合的独特经验与路径模式。

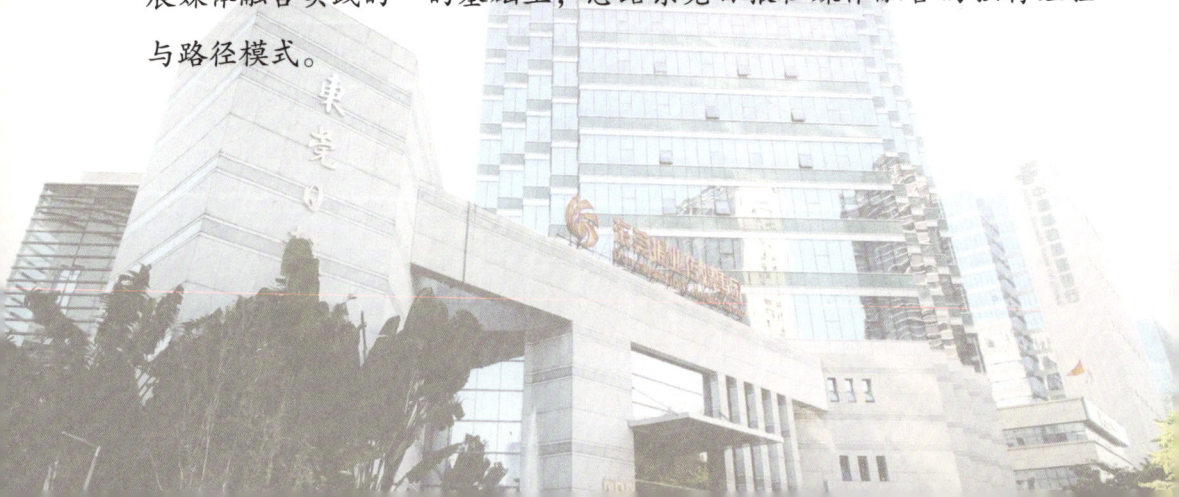

▶第一章
媒体融合实践的理论发展与主要方向

本章运用定量的文献计量法和知识图谱分析，辅以定性的文本分析，检索和分析 2000—2023 年国内外与"媒体融合"相关的研究文献，探究媒体融合实践理论发展的中外研究热度分布状况，并对相关特征进行比较，厘清其脉络与关联，以期为业界媒体融合实践提供理论指导和价值启示。

一、数据来源与研究工具

从 21 世纪初开始，讨论媒体融合的文章便相继出现。为了能够获取国内外学界、业界关于"媒体融合"讨论的核心议题，本书选取中文社会科学引文索引（CSSCI）数据库、社会科学引文索引（SSCI）数据库，从对应的数据库中检索 2000 年 1 月 1 日至 2023 年 12 月 31 日期间发表的相关论文。中文检索条件为"主题是媒体融合或者关键词为媒体融合"，获得 4084 篇论文；英文检索条件为"主题或者关键词为 media convergence，语言选择 English"，获得 1585 篇论文。在对这些文章进行可视化分析的阶段，分别采用了数据库自带的文献计量功能、CiteSpace 软件与 VOSviewer 软件的知识图谱功能。希望通过文献计量法与知识图谱两种方法的结合，能够直观、客观、形象地展示新闻业变迁背景下国内外关于媒体融合研究的规律、特点、热点与未来趋势。

二、国内媒体融合研究的热点议题与研究视角

（一）年度发文趋势

在中国知网（CNKI）中，检索时选主题或关键词为"媒体融合"，得到研究文献 4084 篇，各年度发文数量及变化情况如图 1 – 1 所示。

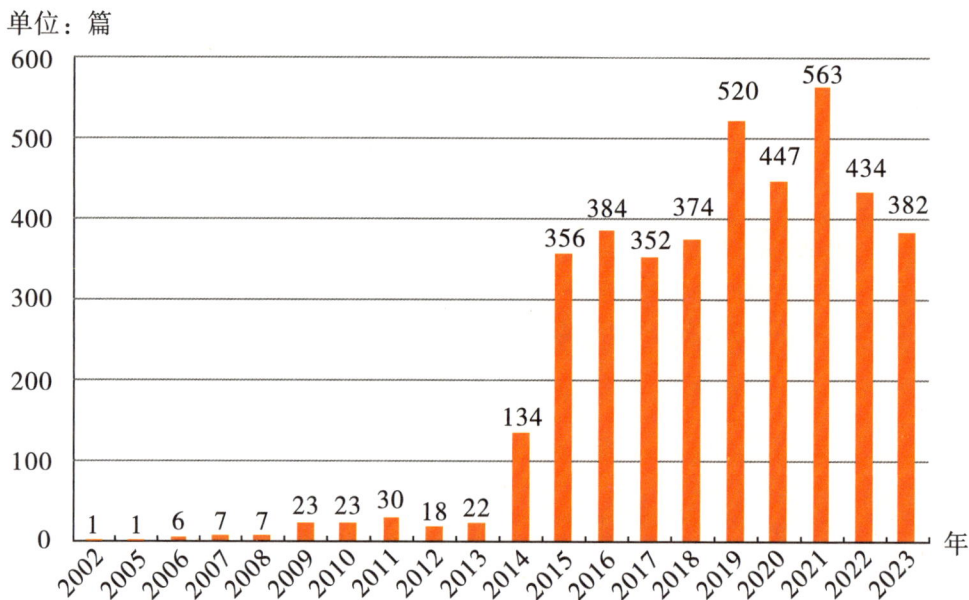

单位：篇

图 1 – 1　文献总量年度分布趋势

2000—2013 年，与议题相关的论文的发表起始时间为 2002 年，这个时期各年度发文量较少；从 2014 年起，该议题相关论文的发表进入增长期，呈现出数量激增的趋势；2019 年进入爆发期，2019—2022 年的年均发文量均超过了 400 篇。2014 年及 2019 年为研究爆发的重要拐点。究其原因，可以发现国家层面的战略部署影响了媒体在行为实践和话语表达上的呈现与发展。

2013 年 8 月 19 日，在全国宣传思想工作会议上，习近平总书记作出"加快传统媒体和新兴媒体融合发展"的重要指示，在这个背景下，媒体融合开始被越来越多地讨论。2014 年 8 月 18 日，中央全面深化改革领导小组第四次会议审议通过了《关于推动传统媒体和新兴媒体融合发展的指导意见》，该意见对传统媒体与新兴媒体的融合发展进行了部署与指示，因此，2014 年又被称为"媒体融合元年"。政策的正式颁布引起了大量的讨论，与媒体融合主题有关的论文也呈爆发式增长。2019 年 1 月 25 日，在十九届中央政治局第十二次集体学习中，习近平总书记指出，"全媒体不断发展，出现了全程媒体、全息媒体、全员媒体、全效媒体，信息无处不在、无所不及、无人不用，导致舆论生态、媒体格局、传播方式发生深刻变化，新闻舆论工作面临新的挑战。我们要因势而谋、应势而动、顺势而为，加快推动媒体融合发展，使主流媒体具有强大传播力、引导力、影响力、公信力，形成网上网下同心圆，使全体人民在理想信念、价值理念、道德观念上紧紧团结在一起，让正能量更强劲、主旋律更高昂"[1]，为媒体融合与全媒体传播体系建构指明了方向，从而引起了相关议题研究的爆发。传统

---

[1] 新华社：《习近平主持中共中央政治局第十二次集体学习并发表重要讲话》，http://www.gov.cn/xinwen/2019－01/25/content_5361197.htm，2019 年 1 月 25 日。

媒体与新兴媒体的融合之路已经延续了十几年，但其快速发展的契机由国家战略主导。

（二）基于 CiteSpace 与 VOSviewer 的知识图谱分析

1. 媒体融合热点议题分析

2002—2023 年媒体融合热词年度分布情况如表 1 – 1 所示：

表 1 – 1　媒体融合热词年度分布

年度	研究热点（出现频次）
2002	传统媒体（1）、媒体融合发展（1）、网络媒体（1）
2005	媒体融合（1）、分众时代（1）
2006	媒体融合（4）、电子媒体（1）、convergence（1）
2007	媒体融合（1）、信息增值（1）、信息传播（1）、多媒体融合（1）
2008	媒体融合时代（1）、手机新媒体（1）、传统媒体（1）、产业融合（1）
2009	媒体融合（7）、媒体融合时代（1）、传媒业（1）、双重转型（1）
2010	媒体融合（9）、媒介融合（1）、媒体融合时代（1）、新媒体（1）
2011	媒体融合（7）、媒介融合背景（3）、媒介融合（2）、传统电视（2）、媒体融合发展（2）、电视媒体（2）、传统媒体（2）
2012	媒体融合（4）、媒介融合（2）、传统媒体（2）、双边市场理论（1）、新媒体（1）
2013	媒体融合（4）、全媒体（3）、媒体融合时代（2）、媒介融合（2）、多媒体新闻（1）

（续上表）

年度	研究热点（出现频次）
2014	媒体融合（33）、媒体融合发展（22）、传统媒体（10）、新兴媒体（7）、新媒体融合（6）、广电媒体（4）
2015	媒体融合（129）、媒体融合发展（43）、传统媒体（24）、新媒体（14）、新兴媒体（13）、电视媒体（10）、新型主流媒体（9）
2016	媒体融合（88）、媒体融合发展（44）、传统媒体（16）、广电媒体（11）、电视媒体（10）、媒体融合时代（9）、新兴媒体（9）
2017	媒体融合（77）、媒体融合发展（26）、传统媒体（20）、媒体深度融合（16）、新媒体（13）、深度融合（12）、新型主流媒体（9）
2018	媒体融合（81）、媒体融合发展（28）、传统媒体（14）、媒体深度融合（13）、新型主流媒体（12）、新媒体（12）、深度融合（10）
2019	媒体融合（143）、媒体融合发展（33）、县级融媒体中心（28）、全媒体（20）、纵深发展（17）、主流媒体（14）、全媒体时代（13）
2020	媒体融合（124）、县级融媒体中心（26）、媒体融合发展（26）、媒体深度融合（20）、主流媒体（17）、新型主流媒体（14）、融媒体（13）
2021	媒体融合（103）、媒体深度融合（56）、主流媒体（38）、县级融媒体中心（21）、新型主流媒体（21）、深度融合（19）、媒体融合发展（16）、全媒体（13）
2022	媒体融合（71）、媒体深度融合（36）、主流媒体（32）、媒体融合发展（21）、县级融媒体中心（19）、广电媒体（18）、新型主流媒体（16）

（续上表）

年度	研究热点（出现频次）
2023	媒体融合（79）、媒体深度融合（25）、主流媒体（21）、媒体融合发展（19）、新型主流媒体（11）、中国式现代化（10）、深度融合（10）、县级融媒体（9）、县级融媒体中心（9）

利用 VOSviewer（1.6.19 版本）进行关键词共现分析（参数设置：时间区间为 2000—2023 年；Type of Analysis 选择 Co-occurrence，Unit of Analysis 选择 Keywords；Counting Method 选择 Full Counting；关键词出现最少次数设置为 5 次）。通过对关键词词频的聚类分析，可得出 2000—2023 年媒体融合的研究热点，样本文献被分为四大集群（见表 1-2），本书将其分为四个方面进行分析。

表 1-2　2000—2023 年热点分类及词频情况

集群 1		集群 2	
关键词	共现次数	关键词	共现次数
媒体融合	1429	新媒体	145
媒介融合	92	短视频	72
融媒体	91	5G	53
融合发展	70	舆论引导	51
媒体深度融合	55	人工智能	46

（续上表）

集群3		集群4	
关键词	共现次数	关键词	共现次数
创新	51	国际传播	44
广电媒体	33	大数据	36
内容生产	31	新兴媒体	35
融合传播	27	互联网思维	32
媒体转型	24	人才培养	27
主流媒体	120	县级融媒体中心	83
全媒体	104	县级融媒体	58
传统媒体	100	深度融合	57
新型主流媒体	91	社会治理	32
全媒体传播体系	31	融合	28
智能媒体	27	融合创新	20
全媒体传播	22	传播力	20
中央厨房	22	广播电视	20
平台化	16	融媒体中心	19
智能化	13	四全媒体	10

热点议题一　媒体深度融合与媒体转型

　　由表1－1、表1－2可以看出，媒体融合在2005年开始出现，此后出现的频次逐渐增加。在媒体融合不断被讨论的同时，"媒介融合""融媒体""媒体深度融合""媒体转型"等与传媒业融合发展相关的议题不断涌现，说明对媒体融合的讨论是传媒业实践与转型的重要体现。媒介融合一直是新旧媒体融合发展中的核心议题，它为理解媒体融合的进程提供了媒介化的视角。媒介融合初期为介质相加的物理拼接，包括报台网互动与报台网融合两个阶段，这个阶段强调通过不同形式介质的叠加来打破媒体单打独斗的场面。而当各种介质形成了较为成熟的融合后，媒体依靠其进行了流程再造，形成了"中央厨房"模式。① 随着智能技术的广泛应用，媒体开始朝着深度融合的趋势发展，大数据、人工智能、VR②、AR③、XR④、机器人写作为新闻业带

_____

　　① 姚丽亚：《基于"中央厨房"模式的新闻生产理念创新》，《新闻界》2015年第14期。

　　② VR："Virtual Reality"，译作"虚拟现实技术"，是以计算机技术为主，利用并综合三维图形技术、多媒体技术、仿真技术、显示技术等多种高科技的最新发展成果，借助计算机等设备产生一个逼真的三维视觉、触觉、嗅觉等多种感官体验的虚拟世界，从而使处于虚拟世界中的人产生一种身临其境的感觉。虚拟现实技术是一种可以创建和体验虚拟世界的计算机仿真系统，它利用计算机生成一种模拟环境，使用户沉浸到该环境中。

　　③ AR：即"Augmented Reality"，译作"增强现实技术"，是一种将虚拟信息与真实世界巧妙融合的技术，广泛运用了多媒体、三维建模、实时跟踪及注册、智能交互、传感等多种技术手段，将计算机生成的文字、图像、三维模型、音乐、视频等虚拟信息模拟仿真后，应用到真实世界中，两种信息互为补充，从而实现对真实世界的"增强"。增强现实技术是促使真实世界信息和虚拟世界信息综合在一起的较新的技术，其将虚拟信息内容叠加在真实世界中加以有效应用，使之能够被人感官所感知，从而实现超越现实的感官体验。

　　④ XR："Extended Reality"，译作"扩展现实技术"，是指通过计算机将真实与虚拟相结合，打造一个可人机交互的虚拟环境，这也是AR、VR、MR等多种技术的统称。通过将三者的视觉交互技术相融合，为体验者带来虚拟世界与现实世界之间无缝转换的"沉浸感"。

来了采集、生产、传播、分发、接收上的创新，媒体融合朝着智媒化的方向发展，具有万物皆媒、人机合一等特征；① 与此同时，5G 技术也给传播主题、交流手段、内容生产、传播规则等带来了创新变革。② 媒体转型也随着媒体融合的进程持续推进，一项针对全国 12 个省 40 家地市级媒体的研究显示，媒体从业者已经从技术转型转向了融合创新，各种类型的融媒技术已经融入媒体从业者的日常工作当中，并对其工作模式与效能产生了较为显著的影响。③

热点议题二　媒体融合中的技术应用

与媒体融合中的技术应用相关的年度热词分别为"新媒体""人工智能""5G""大数据""短视频"等。新媒体出现得如此频繁，是因为相对于传统媒体，互联网、数字平台、App、人工智能等后续出现的媒介形式都能够被归纳到新媒体的范畴，其属于一个随着时间推演而持续扩容的概念。在新老媒体交替背景下，不同的媒体也随之形成了自身独特的"文化"，传统媒体倡导"内容为王"，以封闭式的内容生产体系作为框架，其盈利模式也依赖于封闭的传播模式；新媒体则创造了一个开放式的空间，用户可以在其中进行内容生产，互联网通过开放式的传播框架来进行盈利。④ 5G 技术的使用推动了数字场景的应用，特别是电商直播、短视频趁势而起，电商直播成为网络销售

---

① 彭兰：《智媒化：未来媒体浪潮——新媒体发展趋势报告（2016）》，《国际新闻界》2016 年第11 期。

② 喻国明：《5G：一项深刻改变传播与社会的革命性技术》，《新闻战线》2019 年第15 期。

③ 赵瑜、张婵、石梦欣等：《从技术转型到融合创新——基于全国地市级媒体从业者的实证研究》，《新闻与传播研究》2023 年第11 期。

④ 彭兰：《文化隔阂：新老媒体融合中的关键障碍》，《国际新闻界》2015 年第12 期。

的新风口，短视频则在 5G 技术的推动下呈现出高质量发展，同时，数据成为关键的生产要素，在大数据的应用下，媒体智库成为媒体转型的重要选择。[1] 人工智能的使用则重塑了媒体融合的新生态，深度学习、语言识别、自然语言处理、计算机视觉等的发展，使得人工智能在内容的创作与呈现、推送和分发、反馈与分析上有了重要突破，建构了"人工智能＋媒体融合"的新生态。[2] 党的十九大以来，党中央、国务院高度重视数字化转型，通过实施和践行"数字中国"战略，在全球范围内率先探索数字化转型路径。在顶层设计的指引下，中国媒体融合的数字化成效显著，在内容生态的智能化、数字化、融媒化上取得了长足进步，并驱动政务服务和社会治理领域的数字化转型。

热点议题三 **新型主流媒体建设与全媒体传播体系建构**

结合表 1 - 1 和表 1 - 2 可以看出，与全媒体相关的研究集中出现在 2019 年、2021 年，新型主流媒体则是 2017—2023 年的热点研究话题，可以看出在新型主流媒体的建设过程中，全媒体传播体系的建构成为一个可行的方案。

2019 年 1 月，习近平总书记在十九届中央政治局第十二次集体学习时提出了"四全媒体"论："全媒体不断发展，出现了全程媒体、全息媒体、全员媒体、全效媒体，信息无处不在、无所不及、无人不用，导致舆论生态、媒体格局、传播方式发生深刻变化，新闻舆论工

---

① 唐绪军、黄楚新、王丹：《"5G ＋"：中国新媒体发展的新起点——2019—2020 年中国新媒体发展现状及展望》，《新闻与写作》2020 年第 7 期。

② 沈浩、袁璐：《人工智能：重塑媒体融合新生态》，《现代传播（中国传媒大学学报）》2018 年第 7 期。

作面临新的挑战。"① "四全媒体"论是对传媒业变革中重大变化的高度概括，旨在为推进媒体融合、构建全媒体传播体系、塑造新型主流媒体指明发展方向。新型主流媒体的建构需要从三个维度入手：①搭建适应当前媒介环境、崭新的传播理念；②建构资源集中、架构合理、差异发展、协同高效的全媒体传播体系；③通过对资源的整合，借以流程再造的方式，完善自身平台的建设。② 全媒体传播体系亦能赋能新型主流媒体建设，一是实现社会治理的智能化与数字化；二是为智慧城市建设添砖加瓦，打造能够为城市治理出谋划策的信息综合平台；三是通过大数据与人工智能，为舆情调控与分析研判提供基础支撑，优化政务服务系统与民生服务系统。③ 在新型主流媒体的建设中，不仅要能够贴合新闻业的转型，还需要能够服务国家战略，在国家治理、社会整合与民心凝聚上凸显主流媒体的重要性。

热点议题四　县级融媒体中心参与社会治理

从表 1－2 来看，"县级融媒体""县级融媒体中心与融合""融合创新""深度融合""传播力""社会治理"相勾连，结合数据与关键词来看，研究集中在两个层面，一是县级融媒体中心的深度融合与创新；二是县级融媒体中心的社会治理。

在深度融合与创新层面，习近平总书记在 2018 年全国宣传思想工作会议上提出，"要扎实抓好县级融媒体中心建设，更好引导群众、服

---

① 新华社：《习近平主持中共中央政治局第十二次集体学习并发表重要讲话》，http：//www. gov. cn/xinwen/2019－01/25/content_5361197. htm，2019 年 1 月 25 日。

② 方提、尹韵公：《习近平的"四全媒体"论探析》，《马克思主义研究》2019 年第10 期。

③ 郭致杰、王灿发：《媒体融合背景下新型主流媒体宏观社会功能与效用探讨》，《新闻爱好者》2020 年第 2 期。

务群众",旨在打通群众获取信息和服务的"最后一公里"。这也带动了县级融媒体中心的创新和媒体的深度融合,资源得到重新整合配置,使媒体的传播力能够覆盖全国各地的每一处角落。县级融媒体中心的建设使新媒体下沉到城乡交错的县域当中,搭建了基层新媒体传播网络,改变了民众的信息消费习惯。在社会治理方面,县级融媒体可以在公共决策中承担议题设置者、商议组织者、价值解释者、执行评价者等多元化的角色,并能够确立信息公开机制、利益表达机制和多元调解机制;构建多元主体联动网络,整合资源并满足需求;充分发挥融媒体中心在新闻宣传、公共服务和社交互动方面的作用;以传播、连接和组织的方式保证社会共治的各个环节畅通无阻。① 县级融媒体中心从一个整合县域内资源的媒体平台,成为一个能够有效提供舆论引导、民生服务、政务服务等的社会治理平台,在连接本地用户的基础上,融入基层治理的体系中。

2. 关键词聚类分析

利用 CiteSpace(6.2.2 版本)进行关键词聚类分析(参数设置:时间区间为 2000—2023 年,时间片段为 1 年;Term Source 选择 Title,Abstract,Author Keywords;Term Type 选择 None Phrases 与 Burst Terms;Node Types 选择 Keyword;节点选择每个时间段中前 10% 的关键词,并且每个时间段不超过 100 个节点;选择 Pathfinder 算法),得到关键词聚类图谱,其中模块值(Modularity Q)为 0.7672,平均轮廓值(Mean Silhouette)为 0.837,说明聚类结构显著,聚类结果合理,结果见图 1−2。其中共有 11 个关键词聚类,可被归纳为 3 个视角。

---

① 罗昕、蔡雨婷:《县级融媒体创新基层社会治理的模式构建》,《新闻与写作》2020 年第 3 期。

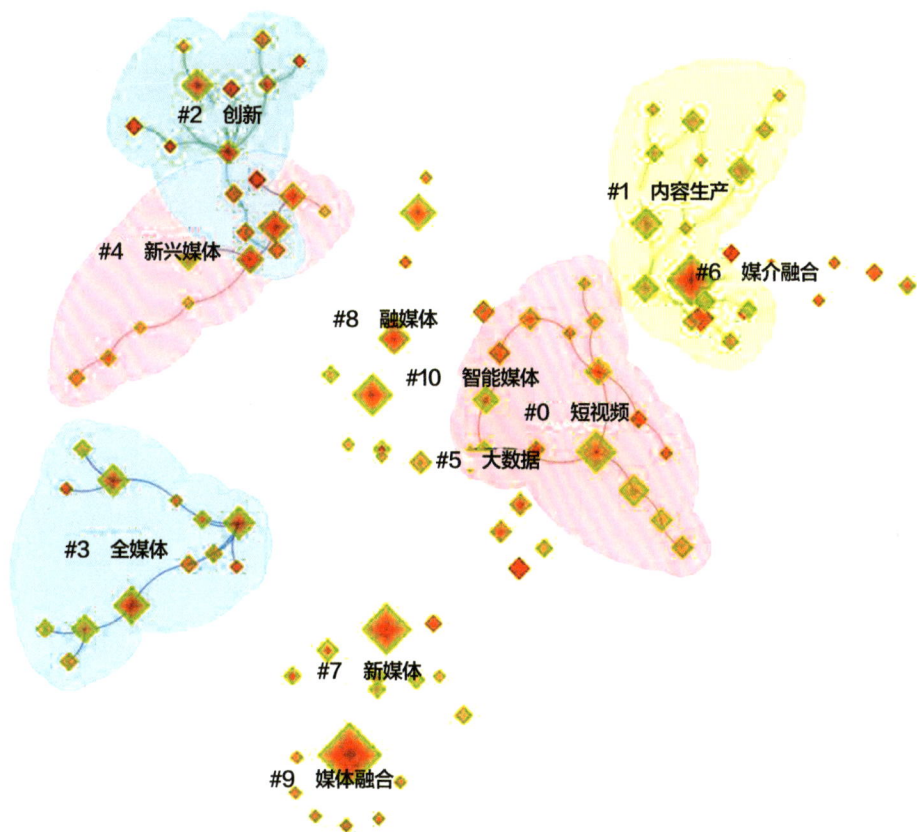

图1-2　关键词聚类分析

研究视角一　　**媒体融合路径探索**

这一研究视角下主要拥有"#3　全媒体""#6　媒介融合""#8 融媒体""#9　媒体融合"4个关键词聚类，聚焦于媒体融合的路径创新问题。

媒介融合作为从西方引进的概念，带有特有的技术中心主义导向，将媒介的融合放置在媒体融合的中心位置。媒体融合作为本土化的概念，打破了媒介融合中的技术中心主义，更加注重通过政策、体制机制、市场与技术的共同作用，打造全程媒体、全息媒体、全员媒体、全效媒体，从而推动融媒体的发展，形成能够连接中央、省、市、县的全媒体传播体系。可以说，"媒介融合"经过中国的本土化改造，已经成为具有中国现代化特色的概念。

研究视角二　内容生产模式变迁

本研究视角拥有"#0　短视频""#1　内容生产""#2　创新"3个关键词聚类，概括起来，研究视角主要包括媒体内容生产的创新、短视频新闻、内容生态重构等。

平台已然成为用户获取新闻的主要渠道，为了迎合技术的发展与用户的需求，媒体也在积极调适自身的内容生产模式。对主流媒体来说，内容作为赖以生存的核心竞争手段，需要在融媒体时代找准创意立足点，在内容生产的基础上整合平台端口的传播运营，使用户获得沉浸式、可视化、交互性的体验，并打通线上与线下、国内与国际的传播渠道，实现新闻传播效果的有效叠加，从而打造具有传播力、影响力的媒体产品。[①] 短视频则成为媒体需要着力打造的核心产品，5G与各种传感器、数字技术的成熟推动了短视频的流行，短视频新闻能够提供沉浸式多向互动的场域，并且促进新闻内容从单一的场景传播向跨越多重屏幕的多重场景传播转变，拉近了媒体与用户之间的关系与心理距离。[②]

研究视角三　新型主流媒体建设

本研究视角拥有"#4　新兴媒体""#5　大数据""#7　新媒体"

[①] 李维婷、叶俊、刘颖：《跨圈与破圈：主流媒体内容生产传播新路径》，《出版广角》2023年第14期。

[②] 段鹏：《5G技术驱动下媒体发展未来路向》，《中国出版》2022年第22期。

"#10　智能媒体"4 个关键词聚类。研究热点集中在新型主流媒体的建设与智能化转型等方面。

相关研究指出，新型主流媒体需要重建与各方的连接，包括政务媒体、自媒体、智能技术、平台媒体及其他专业媒体。在新的环境下，新型主流媒体的行动框架需要从内容的提供者转换为关系的架构者。此外，还需要重构与其他媒体行动者之间的关系，并且需要通过关系的扩大与再连接来提高自身的价值。关系逻辑成为政治逻辑、技术逻辑与社会逻辑之外的新型主流媒体建设观念。[①] 如何应对智能技术带来的技术生态变化是新型主流媒体建设的另一个难题，以"封面新闻"为例，在理念上秉持"科技引领、内容为王"，在保持自身内容优势的同时将技术内化到传播体系运作中；在流程方面，利用智媒云重构内容生产的全流程；在内容分销方面，通过智能生态体和泛内容生产平台的连接，促进内容的破圈层传播，并利用算法提升传播的"广度"与"效度"。[②]

3. 媒体融合研究热点时区分布

利用 CiteSpace 对相关论文进行研究热点时区分布分析，结果见图 1-3。总体来看，诸多突现词快速涌现，表明媒体融合研究在 2000—2023 年快速发生变化，其中 2009 年、2010 年、2015 年、2020 年、2023 年为重要节点，总体呈现出四个阶段。

---

① 陈虹、杨启飞：《平衡与连接：构建新型主流媒体的内在逻辑与行动框架》，《现代传播（中国传媒大学学报）》2021 年第 10 期。

② 吕尚彬、李雅岚：《新型主流媒体智能内容生产模式：基于封面新闻的观察》，《当代传播》2023 年第 4 期。

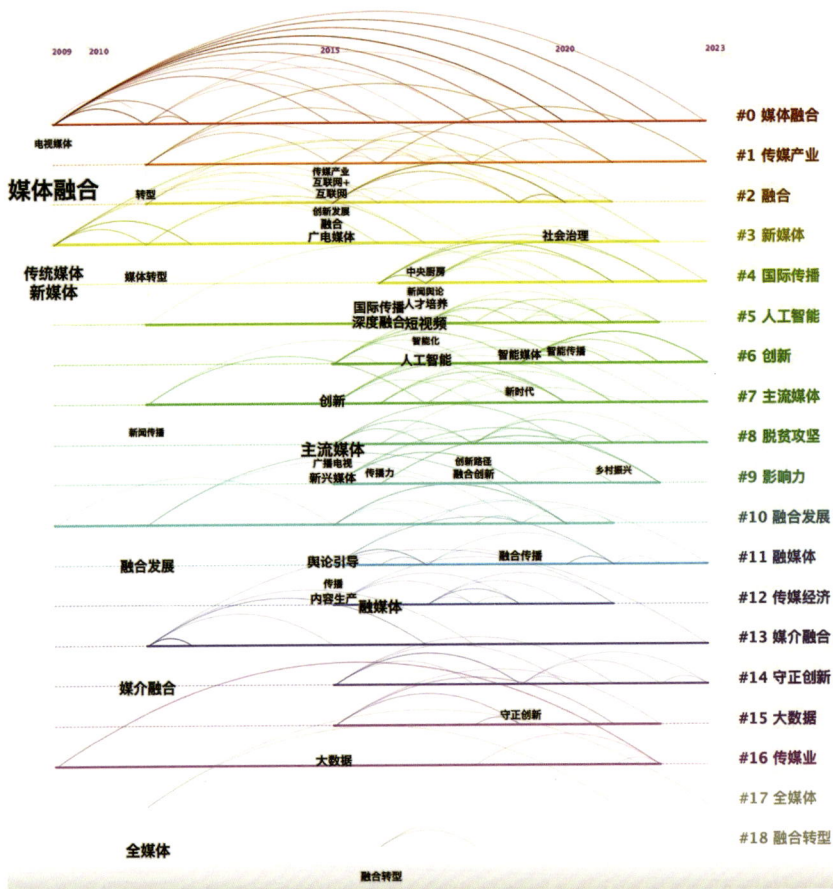

图 1-3　热点研究时区

第一阶段：起步阶段（2000—2009 年）

随着 Web 2.0 时代的到来，接入互联网的人数逐渐增多，新媒体的概念也随之出现，如何将传统媒体与新媒体进行融合，成为媒体融合起步阶段的主要议题。在这个时期，媒介融合作为主导性概念推动着媒体融合研究的展开，学界多是将研究聚焦在新技术对媒体融合的影响上，呈现出技术中心主义的特征。

第二阶段：迅速发展时期（2010—2015 年）

在 2013 年召开的全国宣传思想工作会议上，习近平总书记提出要

"加快传统媒体和新兴媒体融合发展"。2014 年,《关于推动传统媒体和新兴媒体融合发展的指导意见》正式发布。随着两次重大政策性事件的发生,媒体融合的研究热度迅速上升,研究成果颇丰,研究内容涉及主流媒体、新媒体、传统媒体、融合发展、融媒体等。

第三阶段:媒体深度融合时期(2016—2020 年)

2016 年,党的新闻舆论工作座谈会召开,习近平总书记提出要推动媒体融合"尽快从相'加'阶段迈向相'融'阶段",媒体融合上升到国家战略层面。2018 年,全国宣传思想工作会议提出"要扎实抓好县级融媒体中心建设"。2019 年,习近平总书记在十九届中央政治局第十二次集体学习中提出"要形成资源集约、结构合理、差异发展、协同高效的全媒体传播体系"。在这个时期,多项具有指导性的思想与政策颁布,媒体融合走向了深度融合的阶段,因此,相关的研究内容包括舆论引导、国际传播、中央厨房、融合转型、融媒体等。媒体在进行深度融合的同时,也在发挥自身的社会功能,在舆论治理、国际传播等层面发挥着重要的作用。

第四阶段:媒体融合中的社会治理时期(2021—2023 年)

2021 年,《中华人民共和国国民经济和社会发展第十四个五年规划和 2035 年远景目标纲要》明确提出了"推进媒体深度融合,做强新型主流媒体"。2022 年,《"十四五"文化发展规划》则要求"加快推进媒体深度融合发展"。党的二十大报告同样指出:"巩固壮大奋进新时代的主流思想舆论……加强全媒体传播体系建设。"这一阶段,媒体融合的研究集中在新型主流媒体的建构上,讨论的议题不再局限于媒体转型与融合,更多侧重于媒体参与社会治理的实践,从而拓宽自身的业务边界与责任边界,确立新型主流媒体的定位。研究内容包括融合创新、社会治理、内容生产、人才培养等。

三、国外关于媒体融合研究的理论演进

（一）文献共引及高被引文献分析

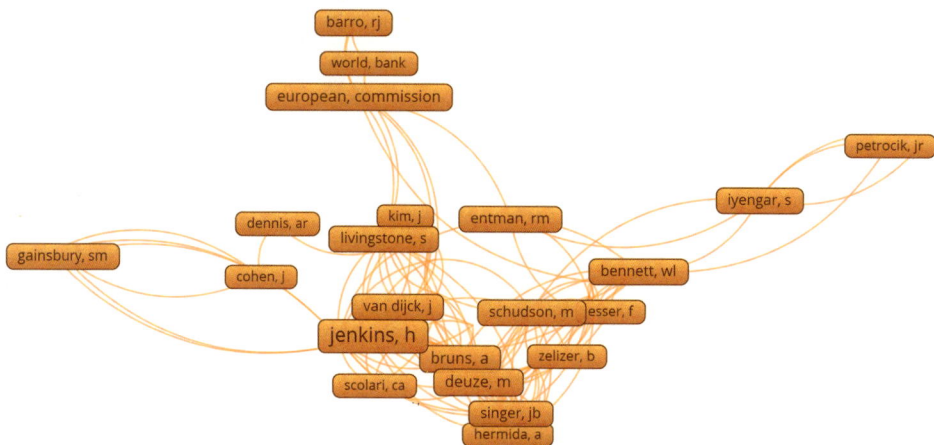

图1-4　国外媒体融合研究的文献共引知识图谱

本研究利用 VOSviewer 生成了 N（节点）=155 的国外媒体融合研究演进的文献共引知识图谱（见图1-4）。从统计意义上分析，当共引文强度值超过一定的阈值时，必定会反映出文献内容的相似性以及它们在学术思想上的紧密联系。共引知识图谱显示，共引量最高的四篇文章为 A. R. Dennis 等（2008）、Eric Klinenberg（2005）、Rosa Garcia-Ruiz 等（2014）、S. Elizabeth Bird（2011）所发表的论文。在精读文献后我们发现，这四篇引用量最高的文章具备国外媒体融合研究演进的代表性意义，因此，将这四篇文章进行以下解析，从而厘清国外研究的状况。

"Media, Tasks, and Communication Processes：A Theory of Media Synchronicity"是引用量最高的文献，一共被引用 804 次，其作者是 A. R. Dennis 等，该论文发表于 2008 年。该文扩展、完善并阐释了媒体同步性理论（media synchronicity theory），该理论关注的是媒体支持

同步性的能力，同步性是个体在一起工作时协调行为的一种共享模式。文章对媒体同步性的原始命题进行了扩展，认为传播由两个基本过程组成：传递和融合。个人对他们正在执行的任务的熟悉程度以及与同事的熟悉程度会影响这两个过程的进程。媒介同步性理论认为，在传递过程中，使用同步性较低的媒介会带来更好的传播效果；对于融合过程，使用支持更高同步性的媒体应该会带来更好的通信性能。媒体的五种能力包括符号集、并行性、传输速度、可预演性和可再处理性，它们影响同步性的发展，从而影响传递和融合通信过程的成功表现。涉及多人的媒体任务的成功完成需要传递和融合过程，因此，当个人使用多种媒介而不是仅使用一种媒介来执行任务时，沟通成效将改善。

"Convergence：News Production in a Digital Age" 共被引用 168 次，由 Eric Klinenberg 发表于 2005 年。该论文围绕数字时代的新闻生产展开研究。当代社会学的一个悖论是，当媒体在政治、经济和文化领域获得知名度的时候，其他学术领域接受了媒体与社会的研究，领先的社会学理论家打破学科壁垒，认为媒体是现代生活的关键角色，这门学科便在很大程度上放弃了对新闻组织和新闻机构的实证研究。这篇文章考察了一家主要新闻机构的新闻制作要点，并展示了在趋同新闻制作制度下，记者和编辑如何管理时间、空间和市场压力的限制。它考虑了这些条件在特定形式上对记者新闻生产劳动的影响，结果表明，新闻领域的政治经济、多媒体公司的组织结构、新的通信技术和媒体工作者创造的内容质量之间建立了强联系。①

"Media Literacy Education for a New Prosumer Citizenship" 共被引用

---

① Eric Klinenberg, "Convergence：News Production in a Digital Age", *The Annals of the A-merican Democracy and the Pursuit of Equality*, 2005, 597（1）：pp. 234 – 249.

135 次，发表于 2014 年，作者为 Rosa Garcia-Ruiz 等，该论文聚焦于如何在媒体融合的进程中对用户的媒介素养进行培养。这项研究使用在线临时问卷调查了来自幼儿园、小学和中学的 2143 名学生。技术和互联网的使用对个人、家庭、专业和社会的各个层面都产生了积极的影响。然而，媒体的影响力并没有伴随着媒介素养的提升而提高。要发展公民，特别是年轻人和儿童的媒体技能，以便在媒体中发挥关键和积极的作用，是媒体融合社会发展的关键一步。通过调查可以看出，很大一部分研究对象精通媒体融合的生态，媒介素养处于可接受的水平。但尽管属于所谓的数字原生代，研究对象却不具备作为媒体专业消费者实践所必需的技能。最后，研究强调了将学校课程中建立的数字能力与媒体素养作为发展媒体融合文化的关键要素。[①]

"Are We All Produsers Now? Convergence and Media Audience Practices" 是 S. Elizabeth Bird 基于批判视角对媒体融合进行剖析的论文，共被引用 119 次，发表于 2011 年。融合媒体可以而且已经改变了传统的"观众"体验，尤其是在西方，许多不是真正生产者的人也在利用多种媒体平台来扩展他们的媒介实践，虽然绝大多数产品用户活动似乎都围绕娱乐活动，但最令人兴奋的可能性在于为公民积极参与关键问题提供了机会。Web 2.0 开辟了将受众视为活跃的文化生产者的新视角，对用户作为生产者的新模式的热情拥抱，会阻碍我们对非网络受众实践的重要性的充分理解，尤其是在非西方国家，会阻碍人们对媒体行业力量的理解。[②]

---

① Rosa Garcia-Ruiz, Antonia Ramírez-García and Maria M. Rodriguez-Rosell, "Media Literacy Education for a New Prosumer Citizenship", *Comunicar*, 2014, 43（22）: pp. 15 – 33.

② S. Elizabeth Bird, "Are We All Produsers Now? Convergence and Media Audience Practices", *Cultural Studies*, 2011, 25（4 – 5）: pp. 502 – 516.

（二）学科结构及期刊分布

从学科分布来看（见图 1－5），国外"传播学"在媒体融合研究领域累计发文量 581 篇，占据总数的 37.41%；随后是"经济学"（166 篇）、"情报学图书馆学"（110 篇）、"社会学"（94 篇）、"商学"（82 篇）等学科占据了国外媒体融合变迁研究的主要阵营。从国外研究的学科分布来看，其涵盖的学科范围较广，商学、管理学、区域城市规划、国际关系、语言学等领域的发文量在国外研究中均占一席之地。从横向角度分析，传播学作为该研究领域发文总量的领头羊，紧随其后的经济学、社会学、地理学等其他领域的文章呈现出递减的趋势，但都形成了代表性科研团队，使得研究在不同的学科得到不同的诠释。

研究发现，国外媒体融合体系研究中共被引次数排名前十的期刊中，相关研究者主要分布在美国、英国、法国、意大利等国家，各个国家皆有学术团体来对媒体融合中的新闻业发展例如制度改革、跨地域融合等作出思考。从发文期刊及共被引期刊的分布来看，国外数字技术与新闻业变革研究主要集中在新闻学、传播学、社会学、计算机科学和信息科学。共被引次数排名前七的期刊分别是 *Mis Quarterly*、*Urban Studies*、*Journal of Interactive Marketing*、*ACM Computing Surveys*、*International Journal of Cultural Studies*、*International Journal of Cultural Studies*、*Science Communication*，均具有较高影响因子，主要从新闻学、传播学、社会学、计算机科学、信息科学的视角进行研究，*Urban Studies* 则为研究领域加入了地理学的视角。国外媒体融合研究横跨多个领域，形成了交叉的学科研究共同体，研究不仅围绕新闻业态的变化与相应新闻传播实践，还加入了社会学、传播学、管理学等社会结构上的研究，形成了跨学科的知识重组与创新。

学科

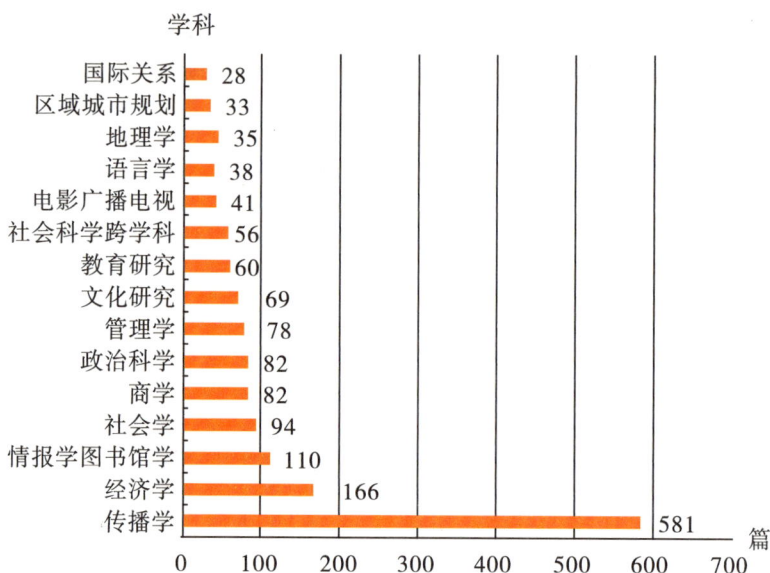

学科	数值
国际关系	28
区域城市规划	33
地理学	35
语言学	38
电影广播电视	41
社会科学跨学科	56
教育研究	60
文化研究	69
管理学	78
政治科学	82
商学	82
社会学	94
情报学图书馆学	110
经济学	166
传播学	581

图1-5　国外媒体融合研究的学科分布

　　总的来说，国外的研究在宏观上主要集中在新闻生产、媒体跨区域融合、用户信息素养、制度变迁与技术融合等方面。在微观处则落脚在由技术驱动媒体融合背后的认识论来源，将技术作为中介探讨融媒体生态中新闻机构、记者与用户之间的关系，同时研究主要集中于传播学、社会学等学科领域，但也有跨学科的研究成果涌现，如计算机科学、信息科学。国外的研究成果具有非常重要的借鉴意义，在如今各类新兴技术迅速发展迭代的今天，我们需要关注新兴技术给媒体融合实践带来的全局性、整体性大变革，以及在新闻业转型中所发挥的作用。

四、中外媒体融合研究对比分析

　　在中外媒体融合研究的现状与热点上，我们通过 VOSviewer 对中外相关文献进行了关键词共现分析。分类整理后发现中外媒体融合研究在内容上具有相似性，分别为媒体融合中的技术融合与新闻实践（见图1-6）。通过这两方面内容的比较研究，可洞悉中外相关研究异同，为全面了解我国媒体融合研究提供借鉴。

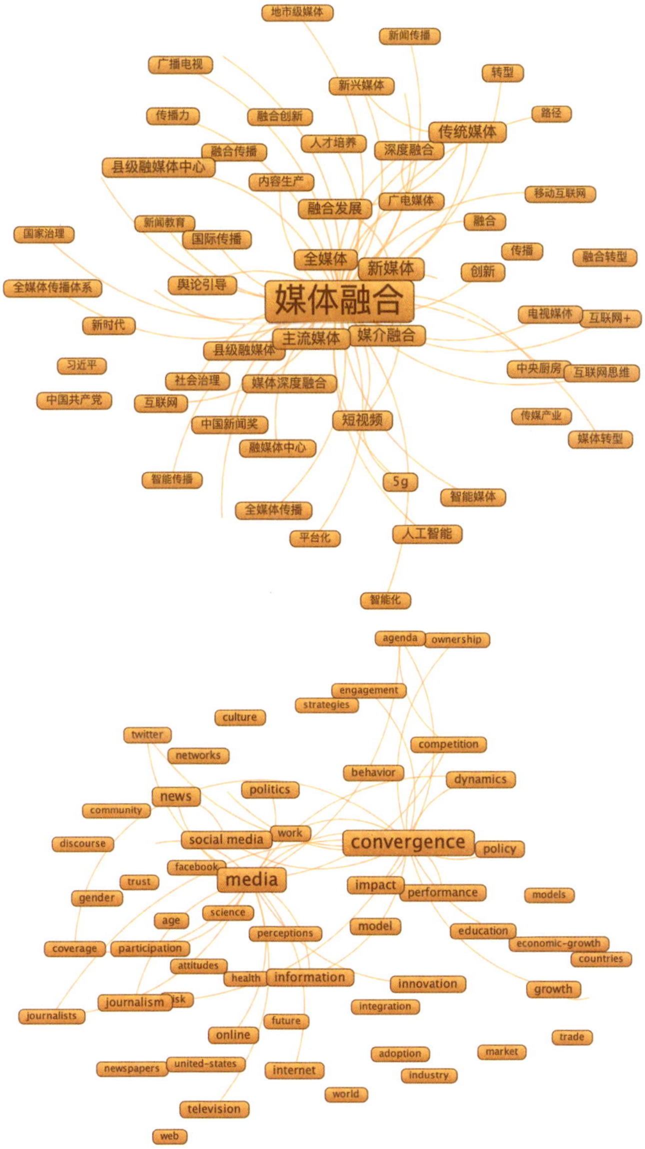

图1-6　中外媒体融合研究关键词共现对比

（一）技术融合

2013 年 8 月 19 日，习近平总书记在全国宣传思想工作会议上提出了关于媒体融合的想法与概念："要适应社会信息化持续推进的新情况，加快传统媒体和新兴媒体融合发展，充分运用新技术新应用创新媒体传播方式，占领信息传播制高点。"技术逻辑成为主导媒体融合的重要指导理念，2014 年 8 月 18 日，习近平主持召开中央全面深化改革领导小组第四次会议时表示，应"坚持先进技术为支撑、内容建设为根本，推动传统媒体和新兴媒体在内容、渠道、平台、经营、管理等方面的深度融合"。

在宏观层面，需要从以下三个方面来进行实践：一是以新技术为核心支撑，推动媒体融合发展，包括使用数据创新融合新闻新形势、利用云计算创新新闻生产机制、掌握核心技术打造自主平台；二是通过内容建设来增强媒体核心竞争力，在保证内容核心竞争力的前提下，通过打造平台拓展信息服务；三是通过机制创新来推动融合发展，在重构媒体内容组织架构的同时，也要建立科学的媒体管理机制。[1] 从中观层面而言，需要通过技术驱动媒体生产流程的重塑与新旧媒体生态的融合，同时出台新的技术规范来制约媒体融合中因新技术而引发的各种问题，从而使主流媒体在融合中与市场相接轨。[2] 从微观层面来说，媒体融合的技术逻辑是媒介技术之间的相互融合，电视、手机、平板、电脑等相互联结，促成"结构"与"功能"的融合，从而推动

---

[1] 林如鹏、汤景泰：《政治逻辑、技术逻辑与市场逻辑：论习近平的媒体融合发展思想》，《新闻与传播研究》2016 年第 11 期。

[2] 严三九：《技术、生态、规范：媒体融合的关键要素》，《人民论坛（学术前沿）》2019 年第 3 期。

其他维度的融合。[1]

　　国外研究部分，对技术融合多持批判态度。其中，数字技术在新闻业中的作用被重新定义，研究发现，新媒体在传统媒体中主要是作为信息来源，而不是新闻议程的发起者或表达舆论的平台，使用新媒体的驱动力是出于商业考虑，而不是试图提高新闻内容的质量。[2] 在技术融合的影响上，互联网等新数字技术以及 OTT 等新商业模式的出现，改变了媒体和广播行业。随着先进技术和商业模式的采用，广播和电信（telecommunication）的融合已成为一种普遍的商业做法。在广播电视和媒体行业趋同的时代，政策呼吁以公众为中心的公共利益。应该由社会和消费者的福利，而不是利润或产业增长，来决定广播电视和媒体行业的公共利益取向。因此，公共利益在广播电视和媒体中的意义不应局限于媒体的产业语境，相反，应该从社会和消费者福利的角度考虑公众获得媒体服务的机会、消费的条件及其后果。[3]

　　从全球视野来看，国家媒体系统的概念以及对媒体系统、机构和实践的比较研究，在媒体全球化和技术融合的时代具有较强相关性。通过对中国、巴西和澳大利亚媒体融合的案例研究发现，民族和国家仍然是媒体融合中的关键角色，在国内，媒体政策在很大程度上塑造了媒体融合的核心驱动力，媒体技术和平台则是推动全球媒体融合的

---

① 吴文涛、张舒予：《技术创新视角下"媒体融合"动因、内涵及趋向》，《中国出版》2016 年第 14 期。

② Lin Chao-Chen, "Convergence of New and Old Media：New Media Representation in Traditional News", Chinese Journal of Communication, 2013, 6 (2)：pp. 183 – 201.

③ Choi Hwanho, "Broadcasting and Telecommunications Industries in the Convergence Age：Toward a Sustainable Public-centric Public Interest", *Sustainability*, 2018, 10 (2)：p. 544.

另一个核心因素。①

（二）新闻实践

媒体融合使得新闻实践在多个面向产生了变化。在建设性新闻实践方面，新闻报道不再是对事件进行好与坏的二维区分，而是着力于通过提供完整的新闻报道来解决问题，参与到社会治理中，提供有效的解决方案。建设性新闻要求新闻实践在行业发展、社会发展、社会治理层面发挥建设性作用，从而推动媒体融合生态的建立。② 在数字新闻实践方面，物质力、情感力、网络力成为新的实践取向，物质力方面要求新闻业重视数字基础设施的搭建，从而扩大新闻报道的社会覆盖率与传播效果；情感力方面要求新闻报道拉近与用户之间的距离，与其形成情感联结；网络力方面要求媒体通过数字技术设施与情感层面的连接，使媒体与用户形成数字新闻网络，重塑媒体与用户之间的关系。③ 在短视频新闻实践方面，新闻的生产方式、要素、属性、特征等均发生了变化，可视化成为新闻生产的重要形式，情感成为短视频新闻叙事中的策略性工具，社交属性成为影响用户新闻体验的重要因素。新闻生产逻辑与价值追求的变化改变了如今的新闻实践，政务短视频不仅要能够传达内容，还需要传递情感，从而提高新闻的"到达率"。④

----

① Flew Terry, Silvio Waisbord, "The Ongoing Significance of National Media Systems in the Context of Media Globalization", *Media*, *Culture & Society*, 2015, 37（4）: pp. 620 – 636.

② 刘峰：《建设性新闻实践的创新路径探析》，《中国编辑》2021 年第 8 期。

③ 常江、何仁亿：《物质·情感·网络：数字新闻业的流程再造》，《中国编辑》2022 年第 4 期。

④ 晏青、陈柯伶：《短视频新闻：媒介实践、议题与进路》，《中国出版》2022 年第 16 期。

　　国外研究部分，在最近二十多年，融合文化一直是推动全球新闻业变革的重要动力，对在德国、荷兰、瑞士、奥地利、西班牙和葡萄牙中担任管理职位的新闻记者进行的一项比较调查结果显示，在整个欧洲的新闻编辑室中，印刷文化仍然占主导地位，同时，在编辑部的实践战略中，鼓励记者朝着融合新闻记者的方向发展，新闻实践向融合新闻的转变是显而易见的。此外，地中海国家的新闻编辑室在接受融合文化方面比北欧/中欧的新闻编辑室更融洽，因为视听新闻比印刷新闻更强大，记者的积极性更高。研究表明，经过二十年的欧洲媒体融合，新闻实践缓慢地朝着融媒体实践的方向发展。[1] 国外的融媒新闻实践显示出以用户为中心的表征，以新加坡为例，研究者选取了一家传统报纸与数字新闻初创公司进行对比研究，主要针对新兴技术与融合新闻实践之间的相互关系，研究建立在 2015 年底至 2016 年中期以及 2018 年进行的两轮深度访谈的基础上。研究结果表明，每个新闻机构的融合新闻活动都是以受众为中心的参与性实践，并得出三个主要结论：①以受众为中心的参与性实践的重要性日益增强；②新闻生产活动中出现了多元行动者参与的协作文化；③平台之间相互制衡的显著性日益增加。[2] 为了使记者能够跨广播、电视和网络等平台开展工作，国外新闻机构采取了多种组织策略，然而，多技能的普及加上劳动力的减少可能会增加记者的压力，并影响产出质量。与此同时，

---

　　① Manuel Menke, Susanne Kinnebrock, Sonja Kretzschmar, et al. , "Convergence Culture in European Newsrooms：Comparing Editorial Strategies for Cross-media News Production in Six Countries", *Journalism Studies*, 2018, 19 (6)：pp. 881 – 904.

　　② Chua Sherwin, Oscar Westlund, "Audience-Centric Engagement, Collaboration Culture and Platform Counterbalancing：A Longitudinal Study of Ongoing Sensemaking of Emerging Technologies", *Media and Communication*, 2019, 7 (1)：pp. 153 – 165.

深度钻研的能力也被认为是至关重要的，它能决定一名记者是否可以在某一领域立足，尽管专精类型的记者在融媒时代有所减少，但"工匠专家"消失的预言并未完全实现。

● 本章小结

（一）当前研究局限

如果将学术史梳理和研究现状综述，结合时区轨迹图一起进行分析，我们发现研究仍然存在一些薄弱环节，有些研究问题还有进一步探讨、发展或突破的空间。2000—2023 年，中国经历了大众传播时代、社交媒体时代，以及如今的智媒时代，媒介形态的变迁使得社会环境愈加混沌，媒体从大众媒体时代掌握话语权到如今面临去中心化的局面，社会结构在新世纪以来发生了快速的转变。随着媒体定位的改变，为了适应社会环境、社会结构、技术迭代所带来的影响，媒体融合的发展战略得到了重视与实施。从 2000—2023 年的文献来看，媒体融合的议题产生了持续性的研究热潮，学者从媒介的视角对各个时期的社会问题进行讨论，以寻求解决之道，同时也是在构建媒体在融合中的主体地位。随着智能媒体融入千家万户，成为日常生活中不可或缺的一部分，媒体融合开始从宏观的国家战略渗透到改善日常生活的市民服务中，成为保障社会安稳运行的综合性实践。学界对媒体融合的研究涉猎非常广泛，结合了社会学、管理学、传播学、法学等学科，以期拼凑出完整的学术版图。事实上，媒体融合研究中依旧存在许多待挖掘的领域，已有的研究中还存在如下需要改进之处。

1. 思辨研究占据主流，实证研究较为匮乏

在媒体融合的研究中，逻辑思辨类文章占据主流，实证研究则需

要继续丰富。逻辑思辨类文章主要集中在媒体融合的应然方面，围绕政治逻辑、技术逻辑、市场逻辑、治理逻辑等探讨媒体融合应有之举与未来规划，从政策、问题出发为媒体的融合实践进行规划，但往往由于欠缺实证材料而落于空洞，无法触碰到媒体融合的现实问题。在定性研究方面，多从案例研究出发，从中央、省级、县级融媒体的实践经验中进行抽象，总结出具有参考意义的案例与操作。在对中央媒体的研究中，"中央厨房"的模式成为媒体融合的重要标杆；在对省级媒体的研究中，侧重于融媒体的定位、功能、价值等方面的再定义；在对县级融媒体的研究中，社会治理与民生服务成为媒体融合的突围路径。定性研究依托于国内丰富的媒介实践，多从社会学、管理学、传播学的理论出发，对媒体融合的建设路径进行思考与创新，但缺乏田野调查、人物访谈、民族志等方面的内容，研究内容的深度有待挖掘。量化研究则较为匮乏，具有代表性的研究较为少见。总的来说，学界侧重于通过思辨的方式进行研究，在形式上较为单一，虽然有学者尝试使用质化、量化的方法，但囿于数据收集及方法层面的难度，真正能够大力推广的成果较为稀少。

2. 科研关系网络匮乏，研究重实践轻理论

在对 261 位主要研究者的科研关系网络进行共现分析后，我们可以发现，媒体融合研究领域的核心作者之间的共现网络密度较低，合作程度较低，未形成以共同议题进行研究、共同发表论文的合作模式。通过对照发现，在县级融媒体中心建设、媒体转型等研究议题上，研究者的所在地也与论文研究对象保持基本一致。这说明，依托所在地的实践经验，可以产生具有本土特色的知识域。但由于地域特性的存在，不同学者之间的研究存在着制度、文化上的差异与区隔。这说明，媒体融合的路径选择与创新模式并没有一个绝对的、放之四海而皆准

的"范本"。

3. 研究领域宽泛杂糅，但缺乏标准化指标

媒体融合的研究领域非常宽泛，从媒体融合的结构性讨论，到媒体融合的治理面向，几乎囊括了生活中的方方面面，形成了无远弗届的学术场域。研究遍布了新闻传播学、政治学、社会学、心理学、情报学等各个学科门类，形成了错综复杂的交叉研究领域，为媒体融合的路径创新提供了多元化视角。但在这个过程中，融合效果的测量成为学术盲区，在对县级融媒体中心的研究中，其在基层治理、乡村治理中达到的效果被宣传效果替代，评价指标主观、系统性较差，并无视民众的评价、反馈。在对市级、省级的媒体融合研究中，缺少系统性的评价体系，融合效果则更加难以测量。并且，由于媒体融合统合了由线上、线下组合而成的全景式场景，在设置评价体系时，线上、线下所涉及的要素不同，评价指标难以统一，甚至有可能出现严重的冲突。这启示我们，媒体融合的实践成效需要多元化的评价体系与评价指标。

（二）未来研究方向

当媒体融合的概念逐渐成为一种业界与学界共识，如何对其进行诠释成为后续研究的核心要点。在研究的核心议题上，媒体融合已经不再局限于如何实现媒体融合这个问题上，而是更多地去探索如何通过媒体融合实现社会治理，从而使融媒体的功能与定位获得拓展。当不同媒体在各自适配的场景中参与治理时，呈现出不同的媒介逻辑，主流媒体、县级融媒体、电视台等媒体参与治理的场景各不相同，因而需要对参与治理的媒介逻辑进行相应的调适。

▶第二章
媒体融合发展的政策变迁与实践面向

传统媒体在经营的过程中遵循着"事业单位、企业化管理"的理念，在媒体融合转型的过程中，政策起着决定性的作用，使得媒体融合从最初的想法、构思成为可以切实落地、促进媒体转型的实践活动。因此，本章聚焦于媒体融合相关的政策文件与重要讲话，对媒体融合发展中的政策变迁进行梳理，总结政策指导下媒体融合的具体实践面向。

一、政策变迁中的媒体融合

在复杂的社会环境变迁中，媒体政策影响着新闻业的发展，当代中国媒体政策的变迁可以划分为三个阶段。

第一阶段的政策理念可以被总结为政治导向范式（1949—1978年）。这个时期以政治言论代替了媒体政策，大众传播媒体以政策价值取向为本，媒体的经济功能被剥离、忽视。

第二个阶段的政策理念则可被总结为混合治理政策范式（1979—

2012 年)。这个阶段的媒体政策具有"一元体制，二元运行"的特征，以政治、经济、社会利益为导向，媒体既要按照党和国家的体制要求进行宣传工作，也需要按照市场规律进行运营，媒体的功能从单一的"喉舌"转变为多元化的舆论监督、文化娱乐、文化产业等，"三网融合"便是这一时期混合治理政策指导下的一次成功尝试。

第三个阶段的政策理念可被称为融合治理政策范式（2013 年至今）。这种范式旨在解决上一阶段政策范式所留存的问题，加快新旧媒体之间的融合，在提供政策环境保证推动融合进程的同时，整合、优化资源并提供有效的监管。[①] 媒体政策经过以上三种范式的发展，更加追求在融合的过程中与经济、文化、政治三者保持相对平衡的态势。

2013 年 8 月 19 日，习近平总书记在全国宣传思想工作会议上发表重要讲话："手段创新，就是要积极探索有利于破解工作难题的新举措新办法，特别是要适应社会信息化持续推进的新情况，加快传统媒体和新兴媒体融合发展，充分运用新技术新应用创新媒体传播方式，占领信息传播制高点。"媒体融合的思想在 2013 年得到了重视，为政策的制定、实施提供了窗口期。2014 年 8 月 18 日，中央全面深化改革领导小组第四次会议审议通过了《关于推动传统媒体和新兴媒体融合发展的指导意见》，在这次会议上中共中央总书记习近平提出："推动传统媒体和新兴媒体融合发展，要遵循新闻传播规律和新兴媒体发展规律，强化互联网思维，坚持传统媒体和新兴媒体优势互补、一体发展，坚持先进技术为支撑、内容建设为根本，推动传统媒体和新兴媒体在内容、渠道、平台、经营、管理等方面的深度融合，着力打造一批形

---

① 刘健、陈昌凤：《中国当代媒体政策的范式变迁》，《现代传播（中国传媒大学学报）》2017 年第 10 期。

态多样、手段先进、具有竞争力的新型主流媒体，建成几家拥有强大实力和传播力、公信力、影响力的新型媒体集团，形成立体多样、融合发展的现代传播体系。要一手抓融合，一手抓管理，确保融合发展沿着正确方向推进。"① 随着指导意见的发布，2014 年被称为媒体融合元年，也是从这一年开始，针对媒体融合的政策文件开始推行并得到实施。

二、媒体融合的主要政策文件分析

2014—2023 年与媒体融合相关文件共 36 份，整理如表2－1所示。

表 2－1　2014—2023 年媒体融合官方政策文件

时间	政策文件	政策来源
2014 年 8 月 18 日	《关于推动传统媒体和新兴媒体融合发展的指导意见》	中央全面深化改革领导小组
2015 年 3 月 31 日	《关于推动传统出版和新兴出版融合发展的指导意见》	国家新闻出版广电总局、财政部
2015 年 8 月 25 日	《三网融合推广方案》	国务院办公厅

---

① 《〈关于推动传统媒体和新兴媒体融合发展的指导意见〉审议通过引业界关注——媒体深度融合热潮将至》，中华人民共和国国家新闻出版广电总局官网，http：//www. gapp. gov. cn/news/1656/223719. shtml，2016 年 1 月 17 日。

（续上表）

时间	政策文件	政策来源
2015 年 12 月 31 日	《电视台融合媒体平台建设技术白皮书》	国家新闻出版广电总局
	《广播电台融合媒体平台建设技术白皮书》	
2016 年 7 月 20 日	《关于进一步加快广播电视媒体与新兴媒体融合发展的意见》	国家新闻出版广电总局
2017 年 1 月 15 日	《关于促进移动互联网健康有序发展的意见》	中共中央办公厅、国务院办公厅
2017 年 5 月 7 日	《国家"十三五"时期文化发展改革规划纲要》	中共中央办公厅、国务院办公厅
2018 年 11 月 14 日	《关于加强县级融媒体中心建设的意见》	中央全面深化改革委员会
2018 年 12 月 7 日	《关于推进政务新媒体健康有序发展的意见》	国务院办公厅
2019 年 1 月 15 日	《县级融媒体中心省级技术平台规范要求》	国家广播电视总局
	《县级融媒体中心建设规范》	中共中央宣传部、国家广播电视总局
2019 年 4 月 9 日	《县级融媒体中心网络安全规范》	中共中央宣传部新闻局、国家广播电视总局科技司
	《县级融媒体中心运行维护规范》	
	《县级融媒体中心监测监管规范》	
2019 年 4 月 18 日	《政府网站与政务新媒体检查指标》	国务院办公厅秘书局
	《政府网站与政务新媒体监管工作年度考核指标》	

（续上表）

时间	政策文件	政策来源
2019 年 4 月 29 日	《总局办公厅关于建立"国家广播电视总局媒体融合发展专家库"的通知》	国家广播电视总局办公厅
2019 年 6 月 26 日	《总局关于建立广播电视和网络视听产业发展项目库的通知》	国家广播电视总局
	《总局关于推动国家广播电视和网络视听产业基地（园区）建设发展的通知》	
2019 年 8 月 11 日	《关于推动广播电视和网络视听产业高质量发展的意见》	国家广播电视总局
2019 年 8 月 13 日	《关于促进文化和科技深度融合的指导意见》	科技部、中共中央宣传部、中央网信办、财政部、文化和旅游部、国家广播电视总局
2019 年 9 月 25 日	《总局关于创建广播电视媒体融合发展创新中心有关事宜的通知》	国家广播电视总局
2019 年 11 月 12 日	《科技部关于批准建设媒体融合与传播等 4 个国家重点实验室的通知》	科技部
2020 年 9 月 26 日	《关于加快推进媒体深度融合发展的意见》	中共中央办公厅、国务院办公厅
2020 年 11 月 13 日	《关于加快推进广播电视媒体深度融合发展的意见》	国家广播电视总局
2021 年 1 月 29 日	《国家广播电视总局科技司关于征集 2021 年度广播电视和网络视听行业标准制修订项目的通知》	国家广播电视总局科技司

（续上表）

时间	政策文件	政策来源
2021 年 3 月 16 日	《关于组织制定广播电视媒体深度融合发展三年行动计划的通知》	国家广播电视总局
2021 年 10 月 8 日	《广播电视和网络视听"十四五"发展规划》	国家广播电视总局
2022 年 4 月 19 日	《推进地市级媒体加快深度融合发展实施方案的通知》	中共中央宣传部、财政部、国家广播电视总局
2022 年 8 月 16 日	《"十四五"文化发展规划》	中共中央办公厅、国务院办公厅
2023 年 2 月 1 日	《市级融媒体中心总体技术规范》	中共中央宣传部新闻局、国家广播电视总局科技司
	《市级融媒体中心数据规范》	
	《市级融媒体中心接口规范》	
	《市级融媒体中心网络安全防护基本要求》	
	《市级融媒体中心技术系统合规性评估方法》	

　　一方面，从历时性来看，媒体融合的政策发布大部分集中在2014—2020 年这个时间段，媒体融合政策短时间内提出的密度高、涉及的部门多、推动的力量大，并且从 2014 年以来具有较长的持续性，但在另一方面，媒体融合的政策工具出现了"头重脚轻"的结构性失衡现象，尤其是在 2019 年，政策发布呈现出爆发态势，从 2020 年开始，这种数量维度的失衡得到了改善，媒体融合层面所发布的政策逐

渐转向均衡态势，政策工具的使用从以前的失衡转向了均衡发展。[①]
从政策文本层面分析，2019—2020 年所发布的 16 份国家层面与媒体融
合相关的文件表明，"要素资源"得到了高度重视，而"传播体系建
设"则未获得足够的关注度。[②] 一项针对重庆、福建、浙江等 10 个
省、自治区、直辖市的研究表明，在媒体融合的 10 种政策类型中，政
策供给面工具所占的比例过高，而需求面工具则过于弱势，这表明地
方的主管部门未对市场面向政策给予足够的重视。[③] 总的来说，从媒
体融合政策推行的情况来看，中国媒体融合发展的情况还远未达到预
期目标。从政策来源来看，所涉及的部门包括中央全面深化改革委员
会、中共中央办公厅、国务院办公厅、中共中央宣传部、国家广播电
视总局和科技部等共计 11 个部门，这表明了中央各部门对于媒体融合
的重视，也侧面反映出了媒体融合的复杂性，需要多部门通力合作，
才能有效推进媒体融合的进程。

　　已有的政策集中在媒体融合的技术发展、市场化运作以及制度创
新三个层面。在技术发展层面，政策对技术要素的关注大概可以分为
三个阶段。第一个阶段为 2014—2018 年，政策所关注的对象为中央媒
体与省级媒体，"互联网 + 服务"成为所倡导的技术模式，强调以此
来服务用户，从而在业务上推进媒体融合。第二个阶段为 2019—2022
年，政策关注的重点转向了技术薄弱的县级融媒体上，并且更加注重

---

　　① 王泽坤：《走向均衡：对中国媒体融合政策工具运用的考察》，《中国社会科学院研究
生院学报》2020 年第 6 期。

　　② 刘子琦：《传统媒体与新型媒体深度融合的路径选择——基于媒体融合政策的文本分
析》，《大众标准化》2021 年第 8 期。

　　③ 郑勇华、杨伦：《省级层面媒体融合发展政策量化分析》，《中国广播电视学刊》2019
年第 11 期。

技术应用的细节，即如何通过技术的实际效用来赋能县级融媒体的发展。由于区县层面报刊稀少，因此县级融媒体的建设主要是围绕广电媒体来进行，这一阶段延续了上一阶段对于技术应用的重视，但又具有不同的侧重点，希望通过清晰、明确的技术标准去推动媒体的融合发展。这一阶段媒体政策的推行明显比上一阶段密集，预示着改革进入了深水区，中央在逐步强化对于媒体融合的政策补给。第三个阶段从 2023 年开始，并处于持续推进的过程中。这个阶段政策关注的主体为地市级媒体，位于腰部的地市级媒体成为重点。2024 年 1 月发布的六项与地市级媒体融合相关的政策，对媒体融合的总体技术规范、数据规范、接口规范与技术系统合规性评估方法作出了明确的规定。沿着这三个阶段的技术政策分析，政策的针对性、规范性与可操作性在逐步增强，更加有利于政策实施与落地。

在媒体市场化运作方面，政策积极推动媒体产业的创新。媒体自1987 年实行"事业单位、企业化管理"运行机制以来，通过垄断内容市场的方式来保证上述制度的有效实施与媒体的发展。但随着互联网的普及，"互联网＋"的形式使得各行各业的边界逐渐消融，传统媒体的垄断格局被破除，这也是近十年来传统媒体经营收入锐减，经营状况持续下行的原因。媒体融合政策的价值与意义在于，"驱动媒体从区域与行业分立的垄断空间转向边界融合后的无边界市场，促进媒体行业资源由效率低的环节流向效率高的环节，以实现行业整体创新能力的持续提高"[①]。随着媒体融合政策从上至下的执行，传统媒体与新媒体深度融合，尤其是媒体开始朝着"平台化"的方向发展，一是入

---

① 朱春阳、刘波洋：《媒体融合的中国进路：基于政策视角的系统性考察（2014—2023年）》，《新闻与写作》2023 年第 11 期。

驻商业平台，在掌握商业平台流量逻辑的基础上创新经营模式，例如通过电商、文创等方式推动市场的发展；二是将自身打造成具有竞争优势的平台，通过对用户的吸引与留存，结合公域流量与私域流量进行市场化运作。基于官方所发布的文件来看，2020年11月，国家广播电视总局所发布的《关于加快推进广播电视媒体深度融合发展的意见》认为"媒体融合取得重要进展"。

在制度创新方面，近年来的相关政策更加注重技术体系的创新与应用。互联网带来的无边界市场影响了传统媒体的运行机制与策略，为了融入数字化的媒介环境中，政策向技术体系的创新倾斜，表现出"重技术应用，轻体制创新"的制度偏好。随着技术体系的创新，相应的技术创新成果也逐渐转化到媒体内部的制度创新上，传统的"母报管导向、子报管市场"的体制设计造成事业与产业的分离，但如今，在融媒体技术体系与市场相互嵌套的情况下，事业与产业之间的鸿沟被弥合，形成了事业与产业并行发展的运作体制。媒体融合本质上依靠的是创新，随着技术体系的逐渐完善，媒体行业在文化、市场、体制机制等层面的创新也需要跟上，在总结媒体行业多年的运营、管理、转型经验的基础上，通过分类创新的方式来面对无边界的市场。而政策也需要更多地在体制机制改革方面给予保障，从而促进媒体融合朝着改革深水区挺进。

三、政策指导下的媒体融合面向

（一）全媒体传播体系建构

党的二十大报告中提出，要"加强全媒体传播体系建设，塑造主流舆论新格局。健全网络综合治理体系，推动形成良好网络生态"。全媒体传播体系建构是媒体深度融合后的转向，但学界与业界对于该体系的概念、发展状况存在多元化的解读。在技术纬度，全媒体传播体系是由数字化、智能化技术深度融合后编织而成的"万物皆媒"的传播体系，它已经从最初技术叠加的简单模式，发展到如今数字技术的深度智能"互嵌"。[①] 从信息的传播链接来看，在空间上，全媒体传播体系是由各级主流媒体融合而成的无边界传媒矩阵，在时间上，全媒体传播体系成为媒体实时在线所形成的即时性传播体系。[②] 在媒体产业层面，全媒体传播体系通过同时推进事业发展子系统、产业生态子系统与技术支撑子系统的重构，从而实现产业体系层面的创新发展。[③] 从整体的生态思维来看，"全媒体传播体系是一个在国家治理体系构建过程和媒体融合实践进程中生成的，基于网络传播规律和'使互联网这个最大变量变成事业发展的最大增量'的要求而提出的'做大做强主流舆论'的全新概念"[④]。综合来说，全媒体传播体系是一种由多种形态媒体与管理模式融合而成的传播体系，更是对传统传播体系在技术体系、组织结构与管理体制上的创新，从而来适应融媒体时代的发展。

在技术体系上，全媒体传播体系通过将线上与线下的场景进行勾

---

① Chen Weilong, Jing Zhang, "Research on Digital Intelligence Enabled Omnimedia Communication System and Implementation Path in 5G Era", in *Advances in Intelligent Systems and Computing: Proceedings of the 7th Euro-China Conference on Intelligent Data Analysis and Applications*, *May 29 – 31, 2021, Hangzhou, China*, Singapore: Springer Nature Singapore, 2022, pp. 221 – 228.

② 智慧、陈功:《流动时空中主流新闻媒体传播体系的融合与构建》,《当代传播》2022年第2期。

③ 刘茜:《论新时代全媒体传播体系的构建与创新》,《电视研究》2021年第11期。

④ 强月新、吕铠:《生态思维视野下全媒体传播体系建设及其关键策略》,《当代传播》2021年第5期。

连，将不同的媒体例如报纸、电视、新闻客户端等进行横向整合，对不同的媒介使用场景进行纵向连接，形成由多元媒体、差异场景形成的全媒体传播矩阵，使用户与具有媒体功能的信息进行全景式接触。若想要主流媒体所生产、传播的信息与用户适配，首先需要对用户进行定位，主流媒体无法强制用户阅读所推送的信息，因此需要生产用户感兴趣的内容使其主动点击。这类内容分为两类，一类是社会热点事件，另一类是用户感兴趣、喜爱的内容。前一类可以通过观察平台中的热门话题获知，后一类则需要分析账号粉丝的用户画像，从而厘清用户的特征与需求。其次是需要对媒体进行自我定位，明确有哪些内容能够与对应用户相契合，如何通过内容带动服务或者通过服务带动内容。以财新网为例，其线上用户画像概览为"一线城市、高学历90后及95后、管理层群体"①，与财新网的付费模式相契合，形成用户定位与自我定位的有效对接。当然，双向定位的情况也被应用到线下的传播矩阵建构上，南方报业传媒集团通过"南方报业LED联播网"在黄金商圈及核心地标处播出针对性的内容，触媒人次在2021年高达每日368万。总的来说，通过全媒体技术体系的改革，主流媒体能够尽量覆盖用户的差异化需求，使用户接触到媒体的优势、优质内容。

在组织结构上，全媒体传播体系是一个具有多种内涵的概念，在纵向结构上，由中央、省级、市级、县级媒体组成了四级融合传播体系；在横向结构上，则是形成了三网融合、媒体机构拥有独立平台的格局。全媒体传播体系的建构并非单线性的，而是由多种路径组合而

---

① 《2021年财经新媒体营销价值系列报告——ESG篇》，艾瑞网，https：//report.ire-search.cn/report_pdf.aspx？id=3949，2023年11月30日。

成的一个复杂的传播体系。但无论是在纵向融合上，抑或是横向融合上，都存在着方案与架构的不兼容，而区块链技术则为适应性框架建构提供了技术支持。区块链是全新的、去中心化的基础架构与分布式计算范式，具有去中心化、可溯源、可编程与安全可信等特点。[①]

在纵向的传播体系建构上，由于区块链技术的去中心化特点，因此不存在中心化的管理机构与硬件，各层级媒体的数字设备、数据在区块链中被统一管理，数据互通、监管的成本和难度都大幅度降低，能够实现资源的高效使用。2020 年，腾讯通过区块链技术为武汉市打造了政务中枢平台，实现了关联部门间的数据共享与高效合作。在横向的传播体系搭建上，区块链技术推动着"智慧广电"的融合，"三网"的数据可以储存在区块链的加密链式区块结构中，通过点对点的方式将用户与内容连接起来，实现内容生产、传播、监管的一体化，也可以更好地保护内容版权。贵州通过实行"区块链 + 智慧广电"政策，建构了贵州"广电云"系统，村民可以通过数字电视进行节目收看、网上就医、智慧旅游等，推动了"三网融合"，实现了数字化生活。

在管理体制上，数字化技术赋能全媒体传播体系，使其具有了智能化的特性。在新闻业务上，可以利用数字技术实现主题策划、信息采集、一键编辑、精准发布、评价反馈的全程化再造；在广播电视上，以"综合数字信息技术为支撑，实现广播电视智慧化生产、智慧化传播、智慧化服务和智慧化监管，着力提供无所不在、无时不在的高质量广播电视服务"[②]；在媒介产品与服务上，能够通过大数据收集数据

---

① 袁勇、王飞跃：《区块链技术发展现状与展望》，《自动化学报》2016 年第 4 期。

② 《智慧广电　物联未来》，http://jsgd.jiangsu.gov.cn/art/2019/2/12/art_69985_8112838.html，2019 年 2 月 12 日。

描绘用户画像，进行点对点的个性化生产。在智能化的过程中，人工智能、数据、用户成为传播体系建构的核心要素，人工智能与数据是体系建构的内驱力，技术的升级赋予了媒体更多的能力，能够降低生产成本、促进规模效益，提高媒介产品与服务的质量，推动上下游主流媒体之间的协同发展，等等。用户的需求则是外部驱动力，主流媒体的内容、产品、服务若是想要获得最大限度的传播效果，则需要根据用户需求进行定制与点对点的推送。数字技术所带来的智能化改变了全媒体传播体系的运营、管理策略，通过新型主流媒体"价值网"的搭建、全媒体平台的资源扩展与智媒化的传媒业务流程改造，补足体系建设中缺少的社交可供性与开放性。①

（二）媒体参与社会治理

1. 网络治理

一是网络内容治理。随着平台化时代的到来，网络内容呈现指数级增长，具有病毒式传播的特征，对此我国从 2019 年开始发布了一系列传媒政策来加强对网络生态的治理。2019 年 9 月 10 日，国家互联网信息办公室发布了《网络生态治理规定（征求意见稿）》，在经过一个月的意见反馈收集以及两个月的修改后，于 12 月 15 日正式发布了《网络信息内容生态治理规定》（下称《规定》），《规定》要求，媒体组织应当遵守法律法规，遵循公序良俗，不得损害国家利益、公共利益和他人合法权益；不得制作、复制、发布含有违法信息的内容；应当采取措施，防范和抵制制作、复制、发布含有不良信息的内容；应当履行信息内容管理主体责任，加强本平台网络信息内容生态治理；

---

① 朱春阳、邓又溪：《迈向无边界市场：全媒体技术环境下中国传媒集团成长路径创新研究——以上海报业集团为例》，《山西大学学报（哲学社会科学版）》，2021 年第 6 期。

应当建立网络信息内容生态治理机制；坚持主流价值导向，优化信息推荐机制，加强版面页面生态管理，等等。①《规定》从网络内容生产者、网络信息内容服务平台、网络信息内容服务使用者、网络行业组织、监督管理、法律责任六个维度对网络内容的治理边界、算法等智能技术的责任边界、用户的责任与义务等作出了明确的规定，从而规制不良信息泛滥、流量造假、人肉搜索等负面行为对国家安全与公共利益的危害。

网络内容治理主要集中在两个方面。一方面是对文本内容与视频内容的治理，Web 2.0 时代的到来使网络空间充斥着各种文本内容，随着 2018 年视频平台的风靡，巨大的流量与经济效益使其收获了巨大的用户量与用户内容，但各视频平台屡次出现内容触犯红线的情况，甚至出现通过视频换脸传播虚假信息、造谣的情况，导致网红被封禁、App 被下架。对文本内容的治理依据《网络信息内容生态治理规定》，视频内容作为新兴的内容形式则有专门的规制条例，2019 年 1 月 9 日，中国网络视听节目服务协会发布了《网络短视频平台管理规范》和《网络短视频内容审核标准细则》，对网络短视频的审核规范、版权保护细则提出了明确的规定。同年的 11 月 29 日，国家互联网信息办公室、文化和旅游部、国家广播电视总局联合印发的《网络音视频信息服务管理规定》聚焦于用户隐私与肖像权的讨论，对新技术的使用作出规定。媒体应加强对内容的审核以及内容所涉及人员的隐私信息保护，做好内容建设，传播正确的价值观，以此来加强内容治理。另一方面是对人工智能生成内容的治理，随着 ChatGPT 的爆火，人工智能

---

① 《网络信息内容生态治理规定》，http：//www.cac.gov.cn/2019 - 12/20/c_1578375 159509309.htm，2019 年 12 月 20 日。

生成内容对整个内容生态造成了巨大的影响，也使得内容侵权更加隐蔽、主体责任更加难以界定、内容权属存在争议、信息安全面临风险，因此，媒体需要在使用场景上给予限制、对 AIGC[①]进行标注并明确主体责任、更新相应的制度来适应智能传播环境、通过统筹多元治理主体的关系建立治理生态。[②] 媒体在文本、视频、人工智能生成内容上需要有针对性的措施、技术与制度，以此来面对网络内容生态的变化。

二是舆论治理。新媒体平台等客户端的使用促使媒体参与舆论治理的阵地转移到互联网中，微博、微信、短视频等平台的涌现使媒体的角色定位与治理模式的转变成为被持续讨论的要点，[③] 媒体参与舆情治理的多元治理模式成为研究焦点，媒体参与治理实践的边界模糊，与政府、商业平台等主体之间形成了复杂的关系，解决边界冲突成为治理实践中的重要一环，[④] 而形成多元主体协作的综合治理模式成为优化网络治理机制的未来建设进路。[⑤] 从电视问政与县级融媒体建设便可窥见媒体融合中的舆论治理转变，电视问政推动了城市治理能力现代化，以杭州电视台为例，其在社会治理中担任了正向舆论的放大器、社情民意的导流渠、社会矛盾的减压阀、群众智慧的提纯剂等多

---

① AIGC："Artificial Intelligence Generated Content" 的缩写，可译作 "生成式人工智能"。指基于生成对抗网络、大型预训练模型等人工智能的技术方法，通过已有数据的学习和识别生成相关内容的技术。通过训练模型和大量数据的学习，AIGC 可以根据输入的条件（关键词、描述或样本），生成与之相关的图文、音视频等，其中文本生成是其他内容生成的基础。

② 匡文波、姜泽玮：《ChatGPT 在编辑出版中的应用、风险与规制》，《中国编辑》2024 年第 1 期。

③ 丁和根：《媒体介入基层社会治理的现状、角色与维度》，《新闻与写作》2021 年第 5 期。

④ 罗昕、刘碧燕：《边界跨越：主流媒体参与社会治理的冲突及其调适》，《江西师范大学学报（哲学社会科学版）》2022 年第 3 期。

⑤ 邹军：《中国网络舆情综合治理体系的构建与运作》，《南京师大学报（社会科学版）》2020 年第 2 期。

元化角色,[1] 特别是疫情防控期间,电视媒体在舆论舆情、服务创新、业务拓展等方面发挥着重要效力。[2] 然后是县级融媒体中的舆论治理创新,其作为一种平台型融媒框架,综合了主流舆论阵地、综合服务平台、社区信息枢纽的复合型定位,建构了多元主体形成的治理框架,[3] 从主体、职能、体系层面推进基层治理现代化的进程,[4] 在脱贫攻坚、舆论治理等方面获得良好成效。

2. 城市治理

一是突发公共事件的风险治理。随着社会发展进入转型期,人们的生活质量得到了显著提升,但也面临着各种突发公共风险事件的威胁,传统的突发性公共事件包括恐怖袭击、食品安全、环境污染等,给民众带来困扰,影响城市的发展,而随着媒体融合的深度演进,诸多非传统突发公共事件发生得越来越频繁,其与社会矛盾联系紧密,具有波及范围大、社会关注度高、对象不确定等特征,易产生各种次生舆情。媒体在突发公共事件的风险治理上,能够利用自身的渠道优势追溯风险的来源,并通过大数据分析等方式对舆情数据进行研判,对风险进行理性分析、智能预测与实时判断,强化对风险因素的动态跟踪,并通过与政府部门、非政府组织、民众等建构多主体的协防风

① 翁晓华:《论媒体在新型社会治理中的功能与作用——以杭州电视台媒体实践为样本》,《当代电视》2020 年第 11 期;杜晓晶:《城市电视台为创新社会治理"赋能"——民生调解类节目的创新升级》,《当代电视》2020 年第 7 期。

② 卢迪、邱子欣:《5G 在突发公共卫生事件信息传播中的应用与价值体现——以新冠肺炎疫情防控期间的 5G 技术应用为例》,《电视研究》2020 年第 11 期。

③ 黄楚新、黄艾:《超越链接:我国县级融媒体中心建设的 2.0 版》,《编辑之友》2021 年第 12 期。

④ 吕晓峰、刘明洋:《治理现代化视野下县级舆论场与县级融媒体中心建设》,《中国出版》2021 年 16 期。

险机制，来对风险进行预防、管理与疏通，起到强化风险治理的作用。① 例如，《南方都市报》以大数据为基础，通过"广州城市治理榜"对环境保护、公共服务等方面进行评分，以媒体监督的方式推动政府的城市治理工作，通过数据评分的方式鼓励社会各界参与到广州的城市治理工作当中。

二是创新社区治理。通过对 CGSS 2017 年的数据进行研究发现，媒体融合加快了新媒体技术的普及，促进了民众的社会参与和诉求表达，新媒体素养的提高缩小了数字鸿沟给公众带来的数字不平等。② 同时也推动了政府的回应机制和互动机制的建构，通过全媒体体系的建构，政府在信息公开机制、回应机制、互动机制层面进行机制创新，创建畅通的沟通渠道，高效地获取民众诉求，③ 从而建构能够调适多元主体的社区传播模式。在对社区公共事物进行决策的过程中，媒体所依靠的不再是简单的、刚性的行政手段，更多是通过沟通、协商与合作来对社区各主体进行调试，从而营造良好的社区空间与文化，预防、化解社区的潜在冲突、矛盾。④

3. 乡村治理

在基层乡村治理层面，随着县级融媒体打通了信息传播的最后一公里，媒体融合的新格局改变了主体参与、信息传递、社会监督的情况。在主体参与层面，村民不再是被动的政治参与者，而是通过微信

---

① 吴志敏：《新媒体视域下城市突发公共事件的风险治理》，《甘肃社会科学》，2017 年第 5 期。

② 胡荣、焦明娟：《城乡居民的新媒体素养和社会参与》，《福建论坛（人文社会科学版）》2022 年第 5 期。

③ 田俐：《新媒体在社会治理中的角色定位》，《人民论坛》2018 年第 16 期。

④ 滕朋：《平衡与协商：社区传播的建构逻辑》，《当代传播》2016 年第 6 期。

群、微信公众号、App 等方式主动参与到村务中，形成了多元主体互动的多向交流网络；在信息传递层面，以往程序化、复杂化的信息传递模式被改变，村民可以通过乡镇开设的微信公众号与政务 App 来进行政策咨询与业务办理，政府与村民之间形成了直接对话与互动的通道，有效解决了信息传递慢、传递流程长的难题；在社会监督层面，融媒体在乡村的渗透使得监督方式、监督范围、监督效率、监督成本均发生了巨大的转变，并为村民提供了参与社会监督的公共平台，他们可以通过网站、微信、微博、抖音等平台随时随地对乡镇政府与基层政府组织发表意见、反馈与建议，使得村民参与社会监督的成本大大降低。[①] 融媒体平台同时也培养了农民参与社会治理的意识，为信息的乡村传播创造了新环境，丰富了内容形式及其权威性，并立足于农村、农民问题，解决农民的真实需求。政府则通过融媒体网络完善农村文化传播体系，保证快速执行政策的同时完善与农民之间的交流沟通。县级融媒体为培养农民的新媒体素养提供了有效的系统支撑，从而提高其政治参与意识，使其主动参与到乡村治理之中。

（三）媒体扩容业务内容

1. 平台搭建

2019 年 1 月 25 日，习近平总书记在十九届中央政治局第十二次集体学习时指出，"推动媒体融合发展，要统筹处理好传统媒体和新兴媒体、中央媒体和地方媒体、主流媒体和商业平台、大众化媒体和专业性媒体的关系，不能搞'一刀切'、'一个样'。要形成资源集约、结构合理、差异发展、协同高效的全媒体传播体系"。从这个维度来说，

---

① 单俊宇、单连春：《新媒体环境下乡村社会治理创新问题与对策》，《领导科学》2020年第 4 期。

想要与商业平台相竞争，平台的搭建成为媒体扩容业务、创新内容与经营模式的可行性方案。

一方面是借由商业平台的力量完善体系建设，另一方面是媒体搭建属于自己的平台，通过自有平台来吸引用户。目前，绝大多数媒体均通过部分嵌入商业平台的方式进行市场化运营，在一定程度上迎合平台的流量逻辑与商业化导向。依托于南方智媒云强大的智能技术支撑，南方日报、南方+、南方都市报等媒体实现了内容生产、运营的智能化与标准化。而南方都市报、N视频与腾讯云进行深度合作打造的虚拟主播"小N"，能够快速、准确地对内容进行实时播报。在媒体融入商业平台中或者引进商业性技术时，需要把控技术与内容的主次，以内容为主、技术为辅，保证技术的投入产出比。以虚拟主播"小N"为例，打造虚拟主播所需要的费用昂贵，但其并未真正给内容生产、传播模式带来颠覆性、创新性的变化。在全媒体传播体系持续向深度数字化演进的过程中，需要为智能技术预留出弹性空间，并明确技术在体系中所承担的作用。

2. 智库业务

2014年10月27日，中央全面深化改革领导小组第六次会议审议了《关于加强中国特色新型智库建设的意见》，这是中共中央文件中首次提出"智库"概念。[①] 2015年1月20日，中共中央办公厅、国务院办公厅正式印发了《关于加强中国特色新型智库建设的意见》，提出了智库建设的重要意义：①中国特色新型智库是党和政府科学民主依法决策的重要支撑；②中国特色新型智库是国家治理体系和治理能

---

① 《习近平为何特别强调"新型智库建设"？》，http：//theory.people.com.cn/n/2014/1029/c148980-25928251.html，2014年10月29日。

力现代化的重要内容；③中国特色新型智库是国家软实力的重要组成部分。而具体到媒体智库层面，意见要求中央重点新闻媒体先行开展高端智库建设试点，着眼于壮大主流舆论、凝聚社会共识，发挥智库阐释党的理论、解读公共政策、研判社会舆情、引导社会热点、疏导公众情绪的积极作用。鼓励智库运用大众媒体等多种手段，传播主流思想价值，集聚社会正能量。坚持研究无禁区、宣传有纪律。智库建设的总体目标是到 2020 年形成中国特色的新型智库体系，充分发挥中国特色新型智库咨政建言、理论创新、舆论引导、社会服务、公共外交等重要功能。① 2022 年 4 月，中共中央办公厅印发《国家"十四五"时期哲学社会科学发展规划》，提出着力打造一批具有重要决策影响力、社会影响力、国际影响力的新型智库。2022 年 8 月，中共中央办公厅、国务院办公厅印发《"十四五"文化发展规划》，强调建设中国特色、中国风格、中国气派的哲学社会科学，深入推进中国特色新型智库建设。② 2024 年 1 月，国家新闻出版署印发《关于实施 2024 年度出版智库高质量建设计划的通知》，从出版业务的角度对智库建设作出了具体化的工作安排。该通知指出："着眼打造一批机构实、成果好的专业化智库""推出一批能够服务管理决策、推动行业高质量发展的重要研究成果"，并且要"培养一批政治能力强、研究水平高的出版智库专业人才，持续推进出版业理论实践研究和成果转化应用"。③

---

① 《中共中央办公厅、国务院办公厅印发〈关于加强中国特色新型智库建设的意见〉》，https：//www.gov.cn/zhengce/2015－01/20/content_2807126.htm，2015 年 1 月 20 日。

② 杜志章、程聪瑞、王媛媛等：《中国特色新型智库建设这十年——回顾、反思与展望》，《决策与信息》2024 年第 6 期。

③ 《国家新闻出版署关于实施 2024 年度出版智库高质量建设计划的通知》，https：//www.nppa.gov.cn/xxfb/tzgs/202402/t20240221_833019.html，2024 年 1 月 30 日。

中国智库具有多元化的功能，包括资政、启智与聚才等，成为国家治理的重要环节。在过去的 20 年中，智库在外交政策和情报分析方面发挥着举足轻重的作用，在各国官员和专家之间扮演着联络人的角色。[①] 粤港澳大湾区智库的建设以政策驱动为主，政府主导着湾区经济带的供给侧，以此带动地区传统产业的转型与升级，市场主导着湾区经济带的需求侧，通过技术转移的方式来建构新型产业区。[②] 广东、香港与澳门智库充分发挥着前瞻性、全局性和实践性决策咨询的重要功能，在研究成果、交流活动、关键合作以及对外传播等层面取得了重大进展，但在高质量发展、高水平协作等层面具有较大的缺陷，因为需要探索新的发展方向来开拓新道路、拓展影响力。[③] 粤港澳大湾区智库具有立足全球视野的湾区叙事、以媒体为主导的协同运行、彰显问题意识的创新成果的特征，但存在区域发展不平衡不充分、媒体智库间缺乏有效联动等缺点，需要从总体规划引领、制度有机联合和区域系统建构等维度来加快湾区智库建设。[④]

3. 民生服务

2019 年，中共中央宣传部与国家广播电视总局联合发布了《县级融媒体中心建设规范》，提出了"从单纯的新闻宣传向公共服务领域拓展"的理念，公共服务主要包括生活服务、文化服务、教育服务及

---

① David Shambaugh, "China's International Relations Think Tanks: Evolving Structure and Process", *The China Quarterly*, 2002（171）: pp. 575 – 596.

② 李楠、王周谊、杨阳：《创新驱动发展战略背景下全球四大湾区发展模式的比较研究》，《智库理论与实践》2019 年第 3 期。

③ 赵恒煜：《粤港澳大湾区智库发展特征、问题及趋势研究》，《智库理论与实践》2022 年第 6 期。

④ 汪金刚、彭婉珍：《粤港澳大湾区媒体智库发展现状与优化路径研究》，《智库理论与实践》2023 年第 2 期。

其他服务，支持县级融媒体中心对接民生平台、开展文化服务与教育服务，从而支持在县级融媒体中因地制宜地进行新业务的开发。[①]这为广大地方媒体提供了一个机会，使其能够发挥贴近用户的优势，向当地用户提供更多本土化的服务。以浙江省长兴县为例，其融媒体中心创建了名为"掌心长兴"的客户端，定位是"新闻 + 政务 + 服务"，该客户端特设"服务"专题页面，分为"生活消费""镇村社区""政务办事"和"申诉救助"四大板块。这些板块围绕用户需求提供民生服务，有外卖订购、医院挂号，甚至包括消费券发放和社区线下服务等内容。目前，该客户端已有超过 153 万次的下载量，拥有 42 万注册用户，并受到当地用户的广泛好评。

无独有偶，"我的长沙"客户端融合了主流媒体、自媒体提供的各类信息与服务场景。在城市服务上，可以查询和办理社保、公积金、户政等服务，平台会通过算法的智能分析向用户推送社保相关的信息和政策的变化，形成"服务带资讯、资讯带服务"的良性循环。在社会服务方面，"我的长沙"客户端为用户提供了建言渠道，综合内容总结出与问题相关的调研报告，从而给政府相关职能部门提供精准的反馈，用户还能通过客户端主动联系记者进行爆料，从而使自己的问题得到有效解决。融媒体平台的各项服务使媒体和城市、社会之间形成了紧密的联结，从主体层面来说，政府、平台、非政府组织与公众等主体之间形成了良性互动的网络，有利于在相互反馈中解决问题；从技术方面来说，融媒体平台通过智能化算法，对用户需求、诉求与问题进行反馈，能够为相关部门提供精准的治理模板。

---

① 国家广播电视总局：《〈县级融媒体中心省级技术平台规范要求〉〈县级融媒体中心建设规范〉发布实施》，http://www.nrta.gov.cn/art/2019/1/15/art_114_43242.html，2019 年 1 月 15 日。

●本章小结

通过对 36 份政策文件的分析可以看出，媒体融合政策在中前期倾向于中央、省、县三个层级，随着全媒体传播体系建设的推进，市级融媒体的建设被提上议程，成为媒体深度融合的重要一环。目前，市级融媒体建设的技术融合标准正在逐步完善。而市级媒体在进行融合的过程中，还需要找准自身定位，扩大业务范围，在完成转型的同时保证自身舆论影响力，形成与其他层级媒体的深度融合。

第三章

全国媒体融合的实践模式研究

本章按照我国对华北、华东、西南、西北、东北、华南、华中七大区域的划分来对各个地区典型的媒体融合案例进行总结，在技术、政策、经营、社会治理等层面梳理出所选案例最具个性化的实践经验，从而呈现多元化、差异化的媒体实践路径选择与发展模式。

一、华北地区

（一）北京

1. 人民日报社

人民日报社作为中国践行媒体融合的标杆，从 2014 年便开始打造"中央厨房"全媒体平台，"中央厨房"并非将新闻当成流水线产品进行制作，而是通过"一体策划，一次采集，多种生成，多元发布"的理念来保证新闻现实个性化的生产与定向推送。"中央厨房"作为一个集成性的平台，由三个层面构成，一是作为业务平台，集合了内容生产、协作、分发的完整生产流程，并整合了包括采集员、信息员、指挥员等在内的所有岗位人员，将新媒体与传统媒体、线上与线下、集团媒体与自媒体、国内媒体与国外媒体联合在一起；二是作为技术平台，"中央厨房"由用户管理系统、传播效果评估系统、新媒体内容发布管理系统、报纸版面智能化设计系统等模块组成，为系统的智能化运营提供了强大的技术支撑；三是作为空间平台，全媒体大厅成为报社新闻采编和运营管理的中枢与控制平台，从而实现全媒体产品的制作与分发。[①] "中央厨房"推动了人民日报社"内容产业的供给侧改革"，能够针对不同需求的用户提供多元化的产品。

在具体的融媒体新闻实践方面，"中央厨房"具有成熟的数据新闻及可视化团队，通过"大数据 + 数据库"的方式来进行新闻叙事，通过大数据与算法的协作来生产多模态的产品，例如在和中国网合作的互动类 H5《谁能代表我?》中，其数据库包含了全部 2000 多名人大代表的信息，用户可以根据自身的信息匹配到与自身相关性最高的人大代表。在视频产品的制作中，人民日报社入驻各大社交平台与视频平台，通过内容的碎片化呈现来适应短视频的传播场景，并通过网络化语言的表达来增强互动，唤起用户的情感联结。"中央厨房"的新闻实践重点在于整合多个平台的资源，形成矩阵传播，达到同频共振的效果。

2. 新华社

在新华社的媒体融合过程中，人工智能技术的应用成为重塑其生态格局的核心。2017 年，由新华社与阿里巴巴共同打造的"媒体大脑"（Media Brain）上线，它扮演着智媒时代新闻生产基础设施的角

---

① 何炜、魏贺、张旸：《人民日报"中央厨房"：探索新闻生产新模式》，《新闻与写作》2016 年第 9 期。

色，整合了大数据、云计算、物联网、智能算法等技术，对新闻生产、分发及后续的效果监测进行了全程化再造，"人工智能＋新闻"构建了集成化、商业化、产品化的全新新闻实践模式。人工智能成为推动媒体深度融合的技术支撑，也重新定义了内容生态中的核心竞争力，"大数据＋AI"全过程赋能媒体。新华社的"媒体大脑"机器人矩阵主要覆盖了数据可视化、字幕自动生成、虚拟主播、会议报道等多个方面。其中数据新闻机器人通过将抓取到的数据进行可视化，生成各种统计图、词云图等，搭配流畅的动画效果，展现数据中蕴含的各种复杂关系；字幕生成机器人能够通过语音识别技术对同期声进行分解，根据所识别的文字迅速添加字幕，提高了短视频的制作效率；虚拟主播机器人根据记者所输入的内容一键生成新闻报道或者视频新闻，还能根据所接收到的文本调整画面与声音情绪等；会议报道机器人能够将直播流接入数据库中，对镜头画面、现场画面、发言人语料等进行收集、智能分析与视频封装，根据需求来生成人物集锦、会议集锦、问答集锦等，从而对会议场景进行优化。[①] 在"媒体大脑"的推动下，机器生产内容（machine generated content）成为未来媒体内容产业的重要特征，人机协作的报道模式也协同发展，在多域化的新闻报道中重塑智慧交互模式。

3. *China Daily*

China Daily 作为国际化媒体，在国际传播中承担着"让世界了解中国"和"让中国走向世界"的责任，通过媒体深度融合来加快国际传播的建设、增强国际话语权与建设对外话语体系成为媒体深度融合

---

① 商艳青、张瑜、骆蓓娟：《5G 时代媒体融合的 AI 路径——以新华社"媒体大脑"为例》，《传媒》2019 年第 22 期。

工作部署中的重要部分。首先 *China Daily* 在密切关注全球发展动态的同时，以主动对话的方式向全球用户传递中国故事，在"内外有别"的基础上针对不同的国家与文化做到精准化、差异化传播；其次是创新话语表达体系，国际传播需要采用外国人能听懂、易接受的话语体系与表述形式，以讲故事的方式，通过可视化的呈现，将政治话语、中国话语转化为对海外用户来说通俗易懂的内容；最后是拓宽传播渠道来完善传播体系，最重要的是打造自身品牌，在不同国家发行 *China Daily* 本土化海外版，以贴近各国家的方式发布各种国际报道，同时与海外各个权威媒体开展供版合作，以"借船出海"的方式传播品牌。各大数字平台与社交平台则是推动国际传播的重要阵地，以"这里是中国"为策划重点，利用文字、图片、视频、直播等多种方式传播中国文化与观点，从而凝聚共识、推动文明的交流与互鉴。[①] 媒体融合为 *China Daily* 提供了弯道超车的机会，借此机会可以与其他国家的媒体站在同一起跑线上，承担起重新建构国际传播格局与秩序的重大责任。

4. 中央广播电视总台

中央广播电视总台的媒体融合实践主要集中在全媒体传播体系的建设与国际传播能力的提升上。在全媒体传播体系的建设中，总台作为智媒时代的引领者，着力于打造智慧全媒体传播体系。中央广播电视总台在 2018 年成立后与中国移动、阿里巴巴、华为等企业进行深度合作，在同年 12 月建成了首个国家级 5G 新媒体平台，利用大数据、5G、4K、算法等技术推动了传播体系从数字化向智慧化的深度融合。同时，总台不仅加大对新兴技术的使用，还更多地参与到技术的研发

---

① 周树春：《以创新发展推进国际传播能力建设》，《新闻与写作》2019 年第 10 期。

中，加强对技术体系的搭建，加大对创新项目、科研项目等的投入。在智慧全媒体传播体系中，形成了由主流媒体所主导，包含了商业媒体、中央媒体与各地方各级媒体的综合性、多层次的传播体系，为全国广电系统的全媒体建设提供了规划蓝图。[①] 随着"一带一路"的持续推进，中国的地缘优势开始凸显，中央广播电视总台发挥地理主场优势，进行了"4K + 5G + AI + VR"的硬件设备布局，同时利用自身影响力展开议题与议程的双重设置，尤其是利用"算法 + 大数据"对"一带一路"的相关议题与舆情进行监测，将各国媒体关注的议题纳入后续的新闻策展中，从而在全球话语体系中表达立体化的观点。中央广播电视总台在媒体融合的实践中实现了理念的跃升，通过坚守价值理性，将由技术融合主导的全媒体传播体系建设拓展到了多维运营的层面，重构了顶层架构与流程，同时承担起了国际传播的重任，将全媒体传播体系延伸到全球的信息网络当中，通过开放、多元的交流增强国际传播效能。

（二）天津

2017 年 3 月 31 日，天津市的"津云""中央厨房"正式启动，其带来的变化体现在组织架构、内容创新与业务流程三个维度。在组织架构上，"津云"重构了指挥调控体系，采用总编辑协调会、值班总编辑会议制度来现实对平台的统一管理，记者向总调度运营团队报备选题，立项后要接受总调度中心的统一调度与指挥。在部门设置上，参考互联网的扁平化管理原则，采编人员根据自身特点组成 3 ~ 5 人小队，共同进行内容生产，并推出了项目团队制的模式，通过工作室的

[①] 王润珏、胡正荣：《我国主流媒体智慧全媒体建设与国际传播能力提升——以中央广播电视总台为例》，《电视研究》2019 年第 7 期。

形式培养专业化的人才，使其能够兼顾新闻生产、编辑与产品运营、管理等多项工作，从而提升整体效率。在内容创新上，"津云"通过联动报道的模式革新了内容生产流程，坚持移动优先，通过对当地资源与新媒体的整合，有效推动热点新闻的传播，并以分众化的原则重构与用户之间的关系，尽力吸引年轻用户。在数字技术的支撑下，"津云"还拓展了业务类型，不断推出新的互联网产品。在业务流程上，"津云"打破了原来的栏目制模式，统一整合、调度媒体资源，建立了协同生产机制。在绩效考核上，通过"一室一策"的方式来调动人员积极性，各个团队、工作室按照一定周期汇报自身的工作与成效，经由评委会评定后进行表彰激励。

（三）河北

河北日报报业集团的媒体融合发展战略主要集中在四个层面。第一是在内容层面，对传统媒体与新媒体进行明确划分、定位，在报纸端与新媒体端采用不同的内容生产策略，除了特殊稿件外，一律优先在河北日报客户端发布。在内容上侧重于爆款产品的打造，通过现象级的短视频、图文作品来吸引用户注意力。第二是在新闻人才队伍建设层面，河北日报报业集团成立全媒体编辑中心，在原有编辑中心基础上进行跃迁式升级，包含了报道策划、指挥调度、产品编辑、新闻发布等职能，实现了全天候值守、全时段编辑、全媒体发布，并推动了全员办端。另外，报业集团内也实行跨部门组建工作室的模式，加速部门资源、人才的整合，从而生产出高质量的产品。第三是在技术层面，通过"中央厨房"将各大平台纳入全媒体矩阵中，例如抖音、快手、人民号等。在客户端的运作中，河北日报客户端通过已经建设的数据库与读者库，利用数据分析系统研究用户画像，实现内容到人的点对点传播。第四是在体制机制深化改革层面，在流程管理上，坚持移动优先，通过"中央厨房"推动采编分离，优化整体的出版流程，搭建采访、编辑与出版三大业务中心。在绩效考核上，将纸媒与互联网的考核标准与办法进行整合，加大新媒体的考核权重，调动员工的积极性。在人才培养上则是组织开展全员新媒体业务技能培训，推动记者向全媒体记者转型。

二、华东地区

（一）上海

上海报业集团（下称"上报集团"）由解放日报报业集团和文汇新民联合报业集团于2013年10月整合重组而成，是我国传媒业新一轮集团化的典型代表。上报集团的"全媒体传播体系"建设路径主要侧重在价值、资源与流程上。在价值维度，上报集团旨在重构由全媒体传播体系所主导的价值网络，将重点放于在互联网中扩大新型主流媒体的传播力、公信力、影响力，从而在一个无边界、高度脱域的竞争性市场与社会主义核心价值观相对接。在资源维度，上报集团旗下的《解放日报》《文汇报》《新民晚报》三大传统报刊业务群为集团提供了充足、有效的渠道资源。另外，两大集团所拥有的股权与地产为转型创新提供了支撑性的资源。为了能够实现资源的最大化利用，上报集团对传统的报刊业务、新兴的平台业务进行了精简改革，对资源进行重新分配，转向"20-50"智媒体矩阵的资源整合方案，进一步买入无边界的市场，实现"开放融合"。在流程维度，上报集团将"重量级团队"进行拆分，从而形成了与不同团队相适应的业务流程，也令它们获得了更高的自由度。其目标是通过对生产流程的再造来完成商业模式上的颠覆，具体的商业创新包括：从内容供应商转型为内容服务商,在版权方面进行布局;通过互联网业务包括广告、金融资讯、直播电商、投研服务等获得盈利;成为以智能技术为驱动的信息服务商,为上市公司公告、研究报告、互动易、调研记录等领域提供非标数据的格式化处理等。[①] 上海报业集团的融合之路是一场"颠覆式创新",为当前中国全媒体传播体系建构提供了经验坐标。

如今,上海报业集团的全媒体传播体系已经初步形成,完成了传统报纸端与新媒体端的整合,数据新闻的生态链也趋于稳定,虽然经历了多次改制,但其依旧坚持媒体定位、改革创新、内容为王的理念,在经过筑底期(2011—2016 年)、企稳期(2017—2018 年)、上行期(2019 年至今)后,已然突破了圈层,在市场中站稳了脚跟。无论如何创新发展,上海报业集团坚守着正确的企业价值,在创新表述方式的同时讲好中国故事。

(二)浙江

2018 年 9 月 20 日至 21 日,中宣部在湖州市长兴县召开县级融媒体中心建设现场推进会,"对在全国范围推进县级融媒体中心建设作出部署安排,要求 2020 年底基本实现在全国的全覆盖,2018 年先行启动 600 个县级融媒体中心建设"[②]。长兴传媒集团由长兴广播电视台、长兴宣传信息中心、县委报道组、"中国长兴"政府门户网站(新闻版块)各项跨媒体版块整合而成,是全国首家县级融媒体集团。长兴作为最早探索县级融媒体的区县之一,经由多年的发展形成了成熟的"长兴模式"。

---

① 朱春阳、邓又溪:《迈向无边界市场:全媒体技术环境下中国传媒集团成长路径创新研究——以上海报业集团为例》,《山西大学学报(哲学社会科学版)》2021 年第 6 期。

② 《"县级融媒体中心"最新进展:今年启动 600 个,2020 年基本全覆盖》,https://www.sohu.com/a/255333756_351788,2018 年 9 月 21 日。

"长兴模式"主要通过三个层面来促进媒体深度融合。第一，构建媒体融合所需的四梁八柱。2011年县级传媒集团的成立打破了县宣传信息中心和县广播电视台之间的隔阂，促成了资源的整合、共享，随着融合的持续推进，集团实行事业单位企业化运作，深化体制改革。随着组织架构的重组，集团设立董事会、编委会、经委会，实行绩效管理，形成了责权利清晰的领导体系。为了能够以更加有效的方式引领融合，集团在人才队伍建设上实行"首席"聘任制，打破身份桎梏，实现同岗同酬，并积极引进高端人才。第二，搭建全媒体平台，拓宽传播载体。以全媒体的理念重塑整个工作流程，不断完善《全媒体运行管理制度》，深化资源、流程、平台等各方面的多维度融合。并且，拓宽全媒体传播体系的边界，不断延伸平台矩阵的触手，在入驻各大平台的基础上，与人民日报、新浪浙江等签订战略合作伙伴协议，形成跨区域、跨平台合作。第三，创新融媒生产模式，推动"媒体+"的切实落地。通过产品创新的思维来进行融媒体内容的创作，推动"媒体+创新""媒体+服务""媒体+产业链""媒体+活动""媒体+产业"等的切实落地。①

（三）江苏

江苏省广播电视总台（下称"江苏广电"）的融合创新实践具有较为浓厚的互联网特色，在内容、产品、平台三个层面不断地创新发展。在内容层面，江苏广电开设了多种电视频道，囊括了综艺、影视、卡通、体育、民生、教育等与工作生活息息相关的主题，在广播方面则开设了新闻综合广播、音乐广播、交通广播、金陵之声、财经广播等，为用户提供各项广播资源。除此以外，江苏广电还拥有杂志、影

---

① 王晓伟：《长兴模式：县级融媒体中心的建设探索》，《新闻与写作》2018年第12期。

城、院线、网站等业务，其内容业务遍布用户触手能及的地方。在产品层面，江苏广电在传统媒体与新媒体上都输出了较为优质的全媒体产品，在传统产品上，《江苏新时空》时政新闻栏目借由新的全媒体演播室进行改版，在内容、播报方式、版式、呈现手段等方面进行了更新；在新媒体产品上，江苏广电着力打造以《荔枝时评》为主的全媒体评论版块，主打栏目《荔枝时评》对各种重大事件发表原创评论，得到了全国各大媒体的转载，同时全媒体评论版块也包括了以影评、热点事件为主的《荔枝娱评》与《00 后说》。在平台层面，江苏广电打造了"荔直播"App，将其作为媒体融合的主打视频品牌来进行推广，与商业视频平台不同，"荔直播"更加注重内容的专业化与完整性，尽可能地避免因碎片化而对新闻事实造成影响。App 的主打直播通过常态化的直播来与用户形成亲密互动，从而增进用户的归属感，在形成私域流量池的同时通过跨平台合作拓宽用户接触面。

（四）山东

2016 年 8 月，大众报业集团在研究、学习人民日报、新华报业集团、浙江日报集团等行业内兄弟单位的媒体融合实践经验后，便开始了"中央厨房"技术平台的搭建，在对已有的媒体云服务模式、集中控制模式、报道指挥中心模式、统一超级门户模式进行综合分析后，重新制订了适应集团特色的技术规划方案，分别为"网上大众"基础工程、媒体融合推进工程和全媒全案营销工程。2017 年 1 月，时任中央政治局委员、中央书记处书记、中宣部部长刘奇葆提出建设"中央厨房"需要以"四个一"作为基本标准，即"一个工作平台，一个技术支撑体系，一个全媒体内容管理系统，一个传播效果监测反馈系统"。同年 6 月，大众报业集团"中央厨房"暨山东党端服务平台建设完成并启动。随着媒体融合工作的持续推进，大众报业集团建设了一个由智能技术支撑的"传媒云中枢",将各种数字技术进行整合,形成了一套安全可靠的系统,所有采编人员皆能通过系统进行内容生产与管理,从而提高传播的广度与效度。

(五)安徽

2014年下半年,随着"媒体融合元年"的到来,安徽日报社以新媒体集团建设为契机开启了全媒体矩阵的建设,通过"安徽党媒云工程""县县融""校校通"等项目的切实落地来夯实自身的融合之路。在内容上,安徽日报社强调新闻报道的可读性、可视化和深度化,以此来满足用户碎片化、视觉化的阅读习惯,例如摒弃大篇幅的文字稿,直接在报纸上附上二维码供用户扫描,打破了传统新闻报道在形式上的局限性。在融媒产品的生产中,安徽日报社注重用户需求,根据分众化的策略来开发、创作与制作融媒产品。社评也是其贴近用户生活的重要途径,通过各领域专家、记者的评论为群众发声,从而调动用户的积极性。在视觉呈现上,成立了专门的视觉部门,在不断的实践与探索中摸索出专有的"皖式风格",注重版式的点睛效果,通过图片来带动版面,达到封面化、视窗化的效果。在跨平台的报道中,利用图片、短视频、长视频进行组合发布,实现版面的"跨界联动"。在传播势能上,安徽日报社主要采用了"四体联动、三端齐发"的策略,"四体"指的是"传统媒体、新媒体、融媒体、云媒体","三端"指的是"报刊端、PC端、移动端",通过全媒体矩阵发布内容,使信息的表达与传播更具广度与深度。同时深入基层社区,上线社区融媒体平台,以社区传播的方式来丰富基层的传播媒介,提高资源的共享与互动。

三、西南地区

（一）四川日报报业集团

四川日报报业集团现在具有《四川日报》《四川农村日报》《华西都市报》等 10 份报纸，《廉政瞭望》《新闻界》《川商》3 种刊物，川观新闻、封面新闻等 7 个客户端，四川在线等 8 个新闻网站，《华西手机报》等 2 个手机报及数百个第三方平台账号。在推进媒体融合实践的过程中，群众路线成为集团构建全媒体传播体系的核心理念，具有人民性、互动性、连接性、智能性、建设性等特征，将互联网作为主阵地，以人民为中心，不断满足人民日益增长的精神需求。2020 年 12 月，四川日报报业集团在于成都举行的"善治新力量"媒体融合与社会治理天府论坛上对外发布"四川云"2.0 版本，以打造"智能＋智慧＋智库"的"智媒体"为抓手，从而达到建构"技术与内容共融、新闻与服务共生"的媒体生态环境。具体来说，首先，"智媒体"以政务服务为基础，形成新闻与政务的强绑定。集团通过"智媒体"赋能民生服务、城市治理与党建工作等，为各政府部门的决策提供了直观的参考意见，深度嵌入决策系统当中。其次，搭建了由技术、内容双轮驱动的"智媒体"平台，推动全媒体成员同步发展，推动内容生产效率的提升及内容呈现的年轻化。最后，"智媒体"赋能电子政务，深度参与到社会治理中。全媒体传播体系的媒体功能与国家治理深度结合，持续拓展"新闻＋政务商务服务"，打造以"民情"为核心的群众路线理念，重塑平台的运行逻辑，为群众提供了解决问题的渠道，全面助力治理能力现代化的发展。

（二）重庆日报报业集团

2017 年，重庆日报报业集团作为全国首家都市传媒集团成立，深度整合了《重庆晚报》《重庆晨报》《重庆商报》等多种报纸、上游新闻、上游财经、慢新闻等多样客户端，以及上述媒体在微信、微博、抖音等网络平台中的分众化账号。随着集群化发展阶段的到来，上游新闻 App 吸纳了包括《重庆晚报》《重庆晨报》《重庆商报》等报纸在内的大批采编核心人员，以独立新闻单位的模式进行运营与管理，完全脱离了传统的报纸体系，具有单独的采编团队、自主采访权与独立的资金扶持。2018 年末，集团改革步入了移动化阶段，利用上游新闻 App 融入互联网这个"主战场"中，以往"传统媒体 + 新媒体"的格局被颠覆，通过新媒体来整合、带动传统媒体的理念被实施，内容生产的主力团队全部转移到平台媒体当中。重庆日报报业集团已经从媒体之间的"相加"迈入"相融"的阶段，"率先实现了统筹集团内所有都市类媒体全员上移动端、全员视频化转型、全员融入频道制统一管理，以全新的组织架构、资源渠道、内容产品、考核方式、服务理念等迎接 5G 时代的媒体生态新格局，开启了从传统媒体向新型媒体彻底转型的革命性变革"[1]。作为少数在媒体融合时代转型成功的媒体，重庆日报报业集团的优势在于坚持内容为王、主动迎合技术升级并用心服务用户，因而开辟出了具有重庆特色的融合转型路径。

---

[1] 张军兴：《地方都市类媒体深化融合发展的实践与思考——以重庆日报报业集团为例》，《传媒》2019 年第 3 期。

四、西北地区

（一）陕西

陕西日报社在推动媒体融合进程时坚持"四全媒体"的理念，即打造全程媒体、全息媒体、全员媒体与全效媒体。在全程媒体方面，陕西日报社制订了《陕西日报推进媒体融合发展实施方案》，一方面，设置了扁平化的流程，原有的 28 个内设机构被减少到 15 个，新闻的采访、编辑与发布流程变得更加高效化、专业化和集约化；另一方面，新建立的全媒体中心对用户的规模、流动量、到达情况、接触介质等因素进行量化分析，描绘出用户关系与画像，从而对用户进行精准定位。在全息媒体方面，陕西日报社通过"三统一"的战略来进行信息化的革新，即实现技术平台统一、技术标准统一、技术队伍统一。通过全媒体中心的信息系统扩大内容生产的边界与特色，利用技术赋能来支持全媒体中心的建设。

此外，陕西日报社还深化贯彻"全员媒体"思路。在省内 107 个市、县（市、区）成立了相应的通讯员联络部，通讯员在各种待遇上与记者处于同一水平线，他们能够独立挖掘、发表新闻，推动了"群众记者"力量的不断壮大，从而做到真正的让"全员"都成为媒体。在全效媒体方面，陕西日报社除了利用"群众记者"生产"群众新闻"，通过众包的方式来加速新闻的渗透，还通过"群众新闻网＋群众新闻 App ＋媒体服务外包"的传播策略建构"全媒体矩阵"来发挥传播效能与势能。

（二）甘肃

2018 年，甘肃日报社成立了甘肃新媒体集团，同时上线了"新甘肃"App，并于次年完成了省级移动新媒体平台"新甘肃云"的建设，拉开了深度融合的改革篇章。具体的路径集中在三个方面，首先是全媒体矩阵的建构，甘肃新媒体集团将"新甘肃云"作为内部的核心技术平台，对省内的 69 个县级融媒体中心进行整合，形成能够进行全局调控的全媒体指挥调控中心，"新甘肃云"App 也得到了推广。同时，集团还利用第三方互联网平台拓展自身的传播网络，形成了内外同频共振的融合传播。其次是全媒体人才的培养，集团发布了《甘肃日报采编人员培训实施办法》，制定了常态化的融媒业务培训机制，定期邀请外部的专家学者对员工进行培训，也会定期组织员工到其他媒体学习优秀的媒体融合实践经验，并不断吸纳新的人才来完善人才储备。最后是在全媒体经营上，集团成立了专门的政务新媒体托管运营部门，承接其他政府部门的新媒体平台运营工作；积极拓展舆情服务项目，依托全媒体平台的大数据系统，对各大平台舆情进行监测与研判，为政府、媒体机构等提供舆情报告；加大与商业平台的合作，拓展业务范围，例如与快手在直播、电商等方面形成深度合作，并打造了以直播为卖点的融媒体平台——呦呦视频。

五、东北地区

（一）吉林

2001 年，吉林日报报业集团（下称"吉报集团"）成立，并较早提出了"全媒化、集团化、产业化"的融合转型思路。在具体的实践过程中，持续强基础、拓终端、纳人才、聚产业，从而取长补短，加快吉报集团的融合进程。在强基础上，主要是完善"中央厨房"的技术配置，完成机构中技术思维的转变，从而有效推动组织架构的重塑与采编流程的再造。在拓终端上，强调全媒体矩阵是在报端基础上对其他客户端的拓展，从而提升内容生产的质量及对舆论的引导，尤其是在重大报道节点，这种"报、网、微、端、手机报、户外屏"六位一体终端体系能够最大化地传播爆款内容，实现内容表达与传播的整体跃升。在纳人才上，实行全新的《吉报融合采编流程大纲》，加快传统记者向全媒体记者的转型，调整考评奖励机制，通过更加灵活的机制来提升记者的积极性。在聚产业上，吉报集团将业务范围拓展到了数字传媒、智慧城市和产业园区领域，通过跨界合作，在技术、人才、策略、空间等方面提供战略支撑。

(二) 辽宁

2000 年，辽宁党刊集团成立，旗下有《共产党员》《党建文汇》《党支部书记》《刊授党校》四大刊物。在复杂的新环境中开展舆论生态建设与思想理论宣传，是数字传播环境下党刊面临的一个重要问题。辽宁党刊集团从三个方面进行破局，首先是着力打造新型党建传媒集团，在中华先锋网开辟了时政频道、党建广角、先锋人物等 9 个专题频道，而旗下的刊物也在各大新媒体平台中开设账号，进一步拓展正面宣传报道的影响力。其次是提高自身主体性来发挥新型主流媒体的舆论引导作用，通过与其他主流媒体（中国共产党新闻网、人民网等）以及商业平台（中国知网、龙源期刊网、超星等）合作，扩大内容的传播度。同时对中华先锋网进行扩充，增加了文化娱乐、资料查询等功能，争取中央与省级部门的支持，以其为基础形成党建网站集群，使中华先锋网从"宣传平台"转型为"多维立体智慧平台"。最后是在高素质新闻人才队伍的培养上，对传统媒体人才队伍进行大力培训，分别将 2016 年、2017 年指定为"集团职工全员培训年"与"集团专业技术人员培训年"。鼓励新入职员工进行互联网产品的尝试，从而开创新的内容实践。

六、华南地区

（一）广西

2018 年，广西云客户端作为全国首批省级新闻客户端上线。2022 年，广西日报社对广西日报新媒体部、广西新闻网、信息技术中心等 5 个部门进行组织架构的整合，搭建了广西云数字媒体集团，成为广西第一个主流数字媒体集团。2023 年 3 月 19 日，广西云数字媒体集团正式揭牌，广西云新平台在经过技术更新与人员调整后以全新的面貌上线。广西日报社的媒体融合实践经验主要体现在三个层面，一是建构全媒体传播云生态，通过《广西日报》与广西云的强强联合，形成了传统媒体与新媒体的优势互补，并积极拥抱智能技术，"中国新闻技术工作者联合会 AIGC 应用研究中心"在 2023 年 4 月落户广西云，形成了全链条的数字信息生态环境。二是通过数字技术赋能全新传播格局的建构，在内容生产上形成了"思想＋艺术＋技术"的模式；在社会治理上，通过"1＋14＋111＋N"方式助力乡村振兴、项目建设等；在城市形象建设上，以"开门办报"的理念联合全国媒体来放大声量；在国际传播上，携手东盟媒体，利用数字技术来讲好中国故事与广西故事。三是以数字化为基础，建构新型主流媒体，加强在技术平台、内容生产、人才培养、体制机制、跨界合作等方面的融合发展。

（二）海南

海南自由贸易港的落地为海南广播电视总台的融合发展带来了优势，也使其重新调整了自身的发展路径，朝着"海南建设，世界知晓"的国际传播理念进行融合战略的推进。在内容层面，2015 年便开始了纪录片《海南岛纪事》的制作，一年 52 期，每期 24 分钟，在凤凰卫视欧洲台播放，以此来介绍海南的风景、美食、地理等特点。另一款英语访谈节目《对话自贸港》也是重点推广内容，每周推出一期，由数位专家解读自贸港政策及发展形势。2020 年开始，海南广播电视总台将重点放在平台化内容的制作上，产出了多篇传播广泛的短视频作品。在渠道层面，海南卫视在海外 40 多个城市落地覆盖，包括老挝、柬埔寨等，同时与中央广播电视总台英语环球节目中心、央视国际视频通讯有限公司进行合作，扩大内容的触及范围。在合作机制上，通过博鳌亚洲论坛与国外媒体保持密切合作与良好关系，通过合作拍摄来制作节目，在海外获得广泛好评。在技术更新上，积极将4K、5G、VR、AR 等技术融入产品的创作中，并与智能政务、区块链等结合，进而创新媒体融合的新路径。在人才培养方面，集中打造一只具有较高国际传播能力的队伍，持续不断地扩大国际传播内容的制作与传播，从而塑造良好的中国形象，推动"一带一路"等国际倡议发展。

七、华中地区

（一）河南

内容变革方面，河南日报社立足于新型主流媒体定位，将重点放在了主流舆论的强化上。一是加强重大主题报道策划，通过海报、纪录片、H5、SVG、VR/AR 等新技术，结合插画、剪辑等多种表现形式，创新融媒体产品形态，例如在进行二十大报道时，《千里江山新画图》《豫见潮流色》《河南的宝藏乡村》等成为火爆全网的作品，浏览量与传播量皆达到新高。二是做大做强评论与理论内容，在评论版刊发各类长评与短评，并在重大节点与专家约稿发表重磅理论性文章。三是夯实智库内容，通过与高校、政府、公司等合作，产出贴近现实、服务群众的产品。

机制变革方面，从技术、部门、内容等的简单叠加，朝着各要素共享协作的相融形态转变，河南日报社的"中央厨房""大河云"有效地整合了内容运行、传播设计、舆情报道等专业化队伍，全面打通了各个采编单位并进行统筹指挥。在平台变革上，主要集中在三个层面：通过入驻各大商业平台，运营各媒体账号，形成一张由各个商业平台账号所连接的传播网络；做大做强自主可控平台，在顶端新闻客户端嵌入 AI、数据中台两大智能系统，使其成为能够同时聚合内容与用户的媒体平台，完成了从"媒体"向"平台"的升级；搭建国际传播平台矩阵，2023 年 6 月成立河南国际传播中心，重点打造"Hi Henan"（嗨，河南）旗舰外宣品牌。在经营变革上，采用"新闻＋政务服务商务"的经营模式，积极在各个产业进行探索，做到多元发展。

（二）湖南

2000 年，湖南广播影视集团（下称"湖南广电"）作为中国第一家省级广电传媒集团成立。2010 年，湖南广电在经历第三轮改革后成立了湖南广播电视台以及芒果传媒有限公司。2014 年，芒果传媒创立芒果 TV，将电视与网络的特色相结合，成为一个新媒体视听综合传播服务平台。2018 年，湖南广电将其芒果传媒旗下的快乐阳光、芒果互娱等 5 家市场化公司注入上市公司快乐购，并将名字更改为"芒果超媒"。可以说，湖南广电的媒体融合是由"湖南卫视＋芒果 TV"双轮驱动，通过对用户的重新定位，以"芒果"为标签的 IP 运作，在社会效益与经济效益上获得双重成效。

"芒果模式"有以下特点：一是能够通过短视频来产生"虹吸效

应"，广电媒体在长视频领域具有长足优势，但在短视频方面缺乏经验，芒果 TV 在客户端引入了短视频模块，主要通过 UGC[①] 和 PGC 两种内容模式进行短视频制作，通过人工智能进行分发，利用"广电＋短视频"的模式来制造"虹吸效应"，吸引用户的参与和讨论。二是通过 IP 打造王牌产品，在广电端拥有《快乐大本营》《天天向上》等王牌节目，在客户端持续出现《明星大侦探》等热门作品，"芒果"已然成为一个具有公信力的 IP。三是通过网络直播拓宽节目资源，随着短视频平台的崛起，直播成为受用户欢迎的内容形式，芒果 TV 搭建了专门的直播版块，为节目提供了大型活动的直播资源。四是利用节目进行多平台创收，湖南广电将自家优质节目全部放到芒果 TV 进行独播，从而获得了广电平台与客户端平台的两份广告收入。五是打造共生的全媒体生态，在内部，湖南卫视与芒果 TV 进行深度融合，以共同的内容打造共通、共融的广电生态环境；在外部，通过全媒体中心，邀请、吸引其他媒体、自媒体、机构入驻，从而形成内外共通、共享的生态环境。

● 本章小结

本章对我国华北、华东、西南、西北、东北、华南、华中七大区域典型的媒体融合案例与具体做法进行了梳理与总结。可以发现，不同地区的经济发展水平、文化传统、人口结构等方面存在差异，在媒

---

① UGC："User Generated Content"的缩写，可译作"用户生成内容"。指用户将自己原创的内容通过互联网平台进行展示或者提供给其他用户。自媒体、短视频、微博、论坛等平台都是 UGC 的主要应用形式。UGC 的优点是内容个性化，能更好地满足大众需求。缺点是内容质量参差不齐，趣味性强但真实性、价值性不一，需要用户自己去判断。

体融合发展的政策支持力度、政策导向上也存在着一定的不同，因而媒体融合模式与路径呈现出了多元化的特征。媒体融合模式与路径的多元化可以促进创新发展，不同地区采用不同的发展模式，在竞争中相互学习借鉴，能够推动媒体融合发展的创新和进步。

▶第四章
广东媒体融合实践的多元路径

本章按照广东省对珠三角地区、粤东地区、粤西地区、粤北地区四大区域的划分，对所在区域中具有代表性的省级媒体、市级媒体的媒体融合实践经验进行深度描绘。珠三角地区包括广州、佛山、珠海、深圳、惠州、中山、江门、肇庆及东莞。粤东地区包括汕头、汕尾、潮州、揭阳。粤西地区包括湛江、茂名、阳江。粤北地区包括韶关、河源、梅州、清远、云浮。结合各大省级媒体与市级媒体的融合发展状况与特色经验，本章试图为东莞日报社（东莞报业传媒集团）的媒体融合发展模式找到时空方位与参考坐标。

一、珠三角地区

（一）广州市

1. 南方报业传媒集团

南方报业传媒集团从 2013 年便开始了媒体融合转型的创新之路，作为中国首批探索媒体融合改革创新的媒体，其在发展转型与机制改革上进行深度探索和实践，完成了传统报业集团向新型主流媒体的转型。目前，南方报业传媒集团以南方日报为领头羊，搭建了"包括5家报纸、5种期刊、9家网站、6个客户端、1家出版社以及3000块互动触控屏、1万平方米户外LED大屏的报刊网端微屏全媒体传播体系"①，形成了可控性强、传播力广的全媒体传播体系，在保持已有业务的基础上，在新的领域中进行拓展，取得了良好的效果。

南方报业传媒集团的媒体融合经验可以从三个维度进行总结。首先是在传播力的提升上，在"内容为王"思想的指导下，通过技术赋能内容生产，以新颖的形式推广具有深度、高质量的新闻产品，打造能够迎合用户需求的爆款作品，通过全媒体传播体系来提升内容的触达力，使内容可以覆盖更广的范围。无论是内容上的升级还是渠道上的拓展，都是为了提高报业集团的影响力，从而筑牢宣传舆论阵地。其次是在推动媒体融合的一体化上，在采编层面，实现跨平台的采编一体化，使采编人员能够在不同的媒体平台中完成多样化的内容生产，并在媒体生态上实现协同共享；在技术层面，打造一体化的技术逻辑，即通过一个技术思维、一个技术标准、一个技术系统、一套技术语言来推动技术的融合与使用，在节约成本的前提下实现数据、内容、用户与平台的联通；在经营层面，通过"付费智媒建设计划"，将经营活动扩大到集团旗下所有平台，推动全媒体经营的实现。最后是在夯实媒体融合改革上，通过全新的激励机制来优化制度改革，包括内容生产部门的费用包干、按质计酬、协议计酬、年薪计酬等绩效考核方式，甚至提出了一人一策的薪酬激励措施，并加大"南方名记者培育

---

① 黄常开：《南方报业的融合转型探索：实践、感思与未来》，《中国记者》2023年第8期。

工程"的人才激励实施力度。在融媒体平台建设方面，南方报业则主要邀请了各大单位、媒体入驻，通过技术优化供给侧改革，提升自身服务能力，在扩大传播力的同时，强化媒体效益增长，从而获得更大的经营空间。[①]

2. 羊城晚报报业集团

《羊城晚报》于1957年创刊，并在1980年复刊。1998年，羊城晚报报业集团正式成立。经历了60多年的发展，羊城晚报报业集团凭借刀刃向内、改革创新的决定心，成功从传统媒体时代转换到融媒体时代。2015年初，作为首批建立实体性全媒体指挥中心的主流媒体，羊城晚报报业集团开启了媒体融合的初步探索。2017年，全面升级信息可视化控制中心，从而为全媒体传播体系的建构奠定了物质基础。2020年，对采编机构进行重组，彻底打通了传统媒体和新媒体之间的界限，形成了"全程、全息、全员、全效"的新型业态。

羊城晚报报业集团的媒体融合转型之路可以从三个层面进行概括。一是打造羊城晚报的品牌传播，在传播链条上加快了"1＋2＋3＋N"的模式建设，"1"为羊城派新闻客户端，"2"为羊城晚报官方微博、微信，"3"为三大外部传播矩阵，分别是短视频传播矩阵、核心平台传播矩阵和头部商业平台传播矩阵，"N"为正在规划的平台与渠道。通过传播载体与渠道的拓宽来达到传播效果、宣传效果上的强化。随着渠道的拓展，羊城晚报报业集团也在文化产业上持续发力，将报纸作为文化符号打造，并通过线上、线下的活动树立品牌形象，通过经营品牌来扩大媒体的影响力。二是通过羊城创业园的品牌效应拓展自身的资源、平台优势，在园区建设上，注重智慧园区打造、文化创新

---

① 张文明：《南方报业媒体融合转型的"南方特色"分析》，《传媒》2022年第15期。

企业引进与园区产业融合，形成"一园七区"的产业格局，加入粤港澳大湾区的建设与发展中，从而形成以"岭南文化"为中心的现代文化产业。[①] 三是通过"云上岭南"来推动国际传播实践。"云上岭南"是金羊网开设的国际传播网站，以自主平台为阵地加强造血能力，与央媒强强联合打造国际传播内容，并借船出海与国外媒体形成深度合作。[②] 羊城晚报报业集团以"岭南文化"为核心，打造国内外的媒体品牌，从而推动媒体与社会的深度融合。

3. 广州日报报业集团

随着传播技术的升级与智能媒体产业的不断扩大，广州日报报业集团开启了由传统媒体向智媒化融媒体转型的路径。2019 年，依托人工智能、5G、云计算等技术，广州日报报业集团搭建了全媒体传播中心，包括数据分析、热点分析、稿件监控、直播中心、同城媒体、融媒体矩阵等功能版块，将采编与运营两大核心活动整合到同一体系中，从而更好地生产高质量内容、服务好用户。并在同年与中国联通广州分公司合作，共享平台与技术优势，搭建了"5G 新媒体实验室和演播室"。[③] 通过 5G 技术赋能智能化融媒体的建设，实现了"5G＋VR""5G＋AR""5G＋无人机"等内容生产模式的创新。

广州日报报业集团的媒体融合实践经验体现在内容智能化生产、传播与运营上。在内容生产上，利用人工智能赋能内容生产，研发出

---

① 刘海陵：《把握大势、发挥优势，实现多元发展——羊城晚报业集团"双转型"战略的实践与思考》，《新闻战线》2021 年第 11 期。

② 孙爱群：《提升国际传播力 打造"聚变"新平台——羊晚集团"云上岭南"的实践与思考》，《新闻战线》2021 年第 21 期。

③ 张姝泓：《5G＋新闻，我们迈出一大步——广州日报与广州联通 5G 战略合作签约仪式昨日举行》，《广州日报》，2019 年 12 月 3 日第 A8 版。

了全媒体机器人记者"阿同"，在数据处理、机器学习、自然语言处理等方面辅助内容挖掘、选题与写作。在"新花城"客户端通过智能机器人"小新"实现了与用户之间的智能问答，并且《新闻早报》栏目均由 AI 虚拟主播"小晴"来进行报道，在节省成本的同时给用户带来了全新的体验。① 在内容的传播上，通过智能技术打造了"人机交互"传播模式，通过 VR、AR 与人工智能的结合，打造"沉浸式传播"，在仿真的环境中提高技术带来的互动效果。在这个过程中，"关系－情感"要素得到重视，用户与媒体的情感连接更加紧密。在内容运营上，融媒体中心根据各个平台端口的用户数据分析进行用户画像，从而实现私人定制与个性化推荐。② 随着短视频的崛起，集团更加注重短视频内容的传播，依靠 5G、人工智能技术形成传统媒体、视频媒体与智能媒体之间的互利共振，从而激发传播势能。

4. 广东广播电视台

2014 年，广东电视台、广东人民广播电台、南方电视台和南方广播影视传媒集团合并成为广东广播电视台，成为广东唯一的正厅级广电集团，作为省级党台，其是媒体融合中的一股中坚力量，通过多屏融合战略与区域性传播生态的建构，向着媒体深度融合的方向发展。

在多屏融合战略上，2014 年的四台融合完成后，为了保证优势资源的持续利用，南方新媒体保留了核心业务，经营着广东广播电视台的 IPTV、OTT TV 两个大屏业务。南方新媒体也在 2016 年完成了股份制改造，其"新媒股份"于 2019 年在深交所成功上市。2022 年，由

---

① 何超：《数字技术赋能下融媒精品的生产创新——以广州日报近年来融媒创意策划为例》，《新闻战线》2021 年第 24 期。

② 姜翼飞、辛拓：《传统纸媒的智能化融媒体传播格局探析——以〈广州日报〉为例》，《出版广角》2020 年第 21 期。

其所打造的"喜粤TV"和"云视听系列"两大品牌有效用户突破了2.6亿户，大屏的产业规模化效应愈发明显。并通过"触电新闻"平台整合生产要素，依托"触电号"版块来鼓励广电记者与编辑积极向全媒体记者转型，形成"先网后台"的生产流程，利用小屏来拓宽内容的传播范围，实现传统大屏与外部小屏的融合。为了能够灵活进行多屏融合管理，广东广播电视台采用工作室来进行市场化运作，通过政策倾斜、资本接入和全媒体运作，实现管理、经营的融合。在区域性传播生态的建构上，一是在粤港澳大湾区搭建区域共享平台，形成多屏共享的媒体生态。2017年，时任台长提出建立"广东广电媒体融合共同体"。[①] 2019年，以广东县级融媒体中心省级技术平台"珠江云"的建设为契机，广东广电作为平台承建方，加快了与省、市、县三级平台的对接，全省多数县（区）级融媒体中心成功接入了"珠江云"平台，实现了区域广电的融合。二是利用自身优势拓展移动小屏，主要的方式是打造"触电新闻"客户端与入驻第三方平台，从而形成自有小屏与第三方小屏的融合。[②]

（二）佛山市

面对一城多媒、新媒体冲击及资金、人才流失的困境，佛山市委、市政府早在2005年便高瞻远瞩，成立了佛山传媒集团，在横向上，集合了报刊、广播、电视、网络等全市范围内的文化传媒资源，在纵向上，吸纳了佛山市、区、镇（街）三级媒体资源，成为国内首家跨媒

[①] 张惠建：《移动优先打造新型主流媒体——广东广电媒体融合战略布局与责任担当》，《南方电视学刊》2017年第1期。

[②] 李铭煜：《多屏融合视域下省级广电媒体深融的基础、路径及进路——以广东广播电视台为例》，《新闻论坛》2023年第3期。

体的城市传媒集团。[①] 佛山传媒集团的媒体融合经验主要体现在全媒组织的一体化与媒体生产的数智化两个层面。其全媒组织的一体化主要表现为：采编流程一体化、传播矩阵一体化、流量宣传一体化与产品经营一体化。在此基础上，佛山传媒集团成立了专门负责自主客户端与第三方平台的编发运营队伍，根据内外平台不同调性调整内容生产与传播策略，以内外联合的方式实现获得流量与放大宣传的双重效果，形成了分众化的产品运营模式。而在媒体生产的数智化层面，佛山传媒集团则主要通过智能技术来创新内容生产、精准传播与用户运营，在大数据的支持下实现精准化的生产运作。

（三）珠海市

2019 年 4 月，珠海市委、市政府对珠海报业集团、珠海广电集团进行了整合，成立了国内第一家全媒体国有文化传媒企业集团——珠海传媒集团，以自我革新的姿态为市级媒体融合作出表率。在 2022 年，集团被指定为全国首批 60 家市级融媒体中心建设试点之一，并被评为"2022 中国报业技术赋能高质量发展创新单位"。可以说，珠海传媒集团具有较为成熟的媒体融合实践经验，在技术融合上，投入了将近 4000 万元的资金研发"九霄"融媒体生态系统，系统集宣传指挥、网信管理、舆情监控、融媒生产、传播监测、智能采访、融媒发布、媒资管理、融媒考评九大板块于一体，并在广东省多家媒体中获得应用与推广。通过"九霄"系统，集团对流程进行了再造，实现了媒介资源与生产要素间的有效整合，夯实了内容生产的深度、广度与精度。在渠道上，集团以移动渠道为先，并通过融媒体系统对各个平

---

① 梁敏、郑淡涛：《地市级媒体深度融合的佛山样本》，《中国传媒科技》2023 年第 7 期。

台的入口进行整合，将所有平台的资源集束发展，从而通过资源激发融合发展的新动能。在产业发展上，通过"媒体+"的战略来培育、拓展新的产业，从而推动集团的一体化运作。[①]

（四）深圳市

深圳报业集团在对技术环境、市场环境、政策环境变化所形成的媒体生态进行深度解读后，从四个维度来进行媒体融合突围。首先是在创新中引领媒体融合，通过创新媒体产品形态、开拓媒体融合业务、拓展视频运作空间来加快媒体融合步伐。其次是差异化定位，优化竞合策略，尽管传统媒体与新媒体存在着业务上的重叠，但仍具有不同的资源优势，深圳传媒集团以"传媒+""+传媒"双向融通为手段，在保证自身资源留存的情况下拓展业务范围，与新媒体实现差异化竞合。再次是遵循用户思维来进行媒体策略选择。随着用户迁徙到不同的新平台中，无论是将用户吸引到自有平台中，还是为用户提供其急需的信息，都要将用户至上的思维发挥到极致。最后是在技术上进行持续更新迭代，在熟悉新技术的情况下将其整合到媒体融合系统中，从而实现传播的智能化。[②]

（五）惠州市

惠州报业集团经过多年的探索，以建设"四全"媒体、提升"四力"作为自身媒体融合实践的提纲，在内部融合、与城融合、城际融合三个层面实现了高速发展。在内部融合上，报业集团通过体系再造、流程再造、重大采编项目化的方式进行全媒体传播体系的再造，现已

---

① 种筱娜：《以报台融合创新构建新型主流媒体——珠海传媒集团推进媒体深度融合的实践探索》，《中国报业》2023年第21期。

② 丁时照：《媒体融合进化论》，《青年记者》2023年第11期。

搭建成"2+3+2+N"的传播体系，即2家报纸、3个网站、2个客户端与N个媒体号相融合的媒体矩阵，通过融媒体中心对策、采、编、播、发进行统一指挥与调控，并对重大项目进行重点宣传。在与城融合上，报业集团实施"媒体+"工程来实现媒体与城市的融合发展，通过"媒体+政务""媒体+服务""媒体+商务"实现媒体在城市服务、城市治理以及城市项目运营等方面的效益。在城际融合上，报业集团和广大兄弟媒体"交朋友"，构建与异地兄弟媒体的融合联动，形成了以文化、交通、志趣为中心的三个朋友圈，实现党媒在城市形象宣传上的媒体担当和责任。[①]

（六）中山市

为了应对如今新闻生态的变化，中山日报社加快了媒体融合转型的脚步，依托于自主研发的"中山+"客户端，开创了频道号共建的模式，与镇街、部门、企业等进行合作与联动，利用融媒体思维，促进了频道矩阵的建设。在"中山+"开设账号的学校、单位、政府部门数量总和已经突破一百，并依旧处于增长的态势，一些镇街单位还在"中山+"开设二级频道，将其打造成街区的聚合小平台。通过频道矩阵的搭建，形成中山日报社与其他频道"1+1>2"的合力，从而延伸了信息在基层的可触及范围，达到了加大宣传效果、增加用户黏性与促进精准传播的目的。在频道的建设过程中，记者面临着主动、被动的转型，通过提升"四力"来建设精品工程，从而提高媒体产品的质量与竞争力。

---

① 臧守祥、于泽：《探索"三融"之路 开创发展新局——惠州日报社的融媒体发展实践》，《中国记者》2022年第12期。

（七）江门市

为了克服转型无计、市场化困难、痛点无觅的难题，江门市广播电视台将媒体融合的进程与城市发展的脚步相协同，在城市创新中抓住转型升级的机会。首先是与政务服务相融合，江门市广播电视台在2014年便开始打造"江门邑网通"App，将其建设成集政务、民生、金融等服务于一体的政务民生门户App，随后便被政府工作报告列为重点项目，市政府专门印发《关于进一步做好江门邑网通项目建设运营工作的通知》。其次是和城市经济发展相融合，江门市广播电视台与江门旅游局达成紧密合作，将江门邑网通打造成一个集管理、宣传、营销、互动于一体的旅游类App，并在教育、农业等领域拓展，在城市发展中拓展自身定位与业务。最后是与新科技的融合，特别是5G带动了短视频的发展，江门市广播电视台通过直播带货与扶贫助农相结合的方式，利用场景化的电商营销手段，在与商业平台、农户的联动中培育区域品牌。

（八）肇庆市

肇庆市广播电视台在媒体融合过程中面临着题目范围受限、节目形式单一、人才匮乏等不良因素的影响，为了改进新闻节目的传播效果，创新创优成为改革的核心。在题材挖掘方面，践行"四力"来挖掘具有深度、贴近民生的题目，用心讲好基层故事。通过增强记者的脚力、眼力、脑力、笔力来做好真正的新闻。在内容形式上，以移动优先，让内容的覆盖面更加广阔，在新的渠道推出更多有质量、有深度、有温度的新闻报道。而在创新方面，"顺应融媒体改革的浪潮，创新报道形式、用心锤炼精品，灵活运用声色光影来打造各种带露珠、冒热气、能刷屏、会爆红的新闻精品"①。肇庆市广播电视台通过一套组合拳，不断激发机构创新的内生动力，以此从地方电视台的困境中突围。

二、粤东地区

（一）汕头市

2020 年 5 月，汕头经济特区报社和汕头市广播电视台整合为汕头融媒集团，其是粤东地区最具代表性、规模最大、最具影响力与权威性的主流党媒集团。随着商业互联网对人们生活的影响越来越大，传统媒体如何盘活手中的资源来重新占领高地成为急需解决的问题。汕头融媒集团在各大平台均开设了账号，但由于媒体内容与各个平台调性之间存在着较大的差异，经过了前期的市场调研，汕头融媒集团与卓海传媒互联网资讯号运营企业进行合作，对视频内容进行调整，推动内容的整体阅读量迈上了新台阶，并能够通过流量获得平台扶持奖励。而为了获得腾讯旗下平台的资源扶持，汕头融媒集团注册了企鹅号，通过后台的用户、流量分析来调整内容发布策略，以此来匹配平台的推荐机制。在这种垂直化的媒体矩阵打造中，汕头融媒集团的内容在整体的完播率上能够保持在较高的水平，从而放大了宣传效果。

（二）汕尾市

汕尾日报社在推动媒体融合转型时采用了四种政策，一是推动全员参与到媒体融合的浪潮中，相较于很多地区将融合重点放在简单的平台、渠道的融合上，汕尾日报社则在更深层次的资源重组与配置上

---

① 李必辉：《地方台新闻节目创优的困境和对策》，《声屏世界》2020 年第 6 期。

进行革新，在技术上帮助采编人员积极学习、掌握新的技能，并改变采编人员的思维，建立"先行团队"，培养具有策划、统筹和调度能力的带头人，促进人员的转型。二是重视人才，打造新型主流媒体主力军，在业务层面发挥采编人员在基层中的作用，挖掘好的故事，产出优秀作品，给予优秀员工激励，培养主力人才的创新力、融合力、领导力。三是创新内容，在主题上不仅要凸显主流价值观，更要迎合用户的需求，产出能够引起读者共鸣的内容。四是在媒体服务上，坚持走群众路线，做到报道"接地气"，在深度融合的过程中推动民生服务、舆论引导、思想宣传、文化传播的落地。

（三）潮州市

潮州日报社的媒体融合实践紧紧跟随着媒介技术的发展，尤其是在短视频平台崛起后，新闻报道开始逐渐转向短视频新闻，如何依托短视频平台推动媒体深度融合成为一个重要议题。随着 2020 年微信视频号上线，潮州日报社紧随其后开设了"潮州日报"视频号，发布时政、民生与服务等相关主题的短视频。2023 年，为了更好地满足用户需求，潮州日报社开设了视频号"潮小潮"，主要是对城市形象、人文景观进行宣传，与"潮州日报"视频号的定位进行了差异化区分，并开设了《小潮探店》《小潮潮玩》《民宿探店》三个栏目，通过探店的方式来对美食、旅游景点等进行推广。而视频号依托于朋友圈，不断培养着用户的信息习惯，并且微信中的熟人社交网络有利于内容的圈层化传播，内容在亲友圈、同学圈、单位圈、行业圈、兴趣圈等圈层中不断互动，成为朋友间相互讨论的话题。可以说，潮州日报社的视频号打造了具有本地特点的、"视频＋社交"的内容生产与传播模式。

（四）揭阳市

在 2017 年的记者节，揭阳日报社启用了"全媒体采编平台"，并将记者称为"全媒体记者"，从此开启了深度融合的道路。在整体的格局上，揭阳日报社现已建构了由纸质媒体、网络媒体、移动媒体和户外媒体整合而成的"四大媒体"格局，从而推动内容、管理、经验、渠道等各个方面的融合发展。为了使内容更加有效地触及用户，揭阳日报新闻网和揭阳日报微信公众号成为新媒体时代的选择，通过呈现丰富的内容来获得大众的喜爱。短视频平台的兴起也为内容创新提供了新的选择，揭阳日报社通过主题策划的方式来发布贴合用户生活的信息，借助短视频产品来塑造媒体品牌，推出了"揭视频"，"揭视频"除发布揭阳本地时政新闻外，还着力挖掘梳理揭阳历史文化、民俗风情、非遗传承、民间工艺、文明生活、美食美景等方面的题材，展示揭阳的厚重人文，[①] 从而为打造新型主流媒体提供了新的驱动力。

三、粤西地区

（一）湛江市

2015 年，湛江日报社开始启用北大方正软件来进行"中央厨房"的建设工作，通过全媒体平台整合 PC 端、报纸端与移动端，促成了联网 LED、LCD、楼宇 TV 的城市大屏网络，将出版、印刷、发行的产业进行合并，助力电商、物流、视频等新兴产业的蓬勃发展。湛江日报社以"开门办报"作为融合发展的理念，把"走出去"与"请进来"

---

① 卢旭锐：《地市纸媒短视频发展探析——以〈揭阳日报〉为例》，《中国地市报人》2023 年第 12 期。

相结合，不仅将视野放到各大社会民生议题与服务上，还引导公众参与到群众办报的队伍中来，推出各大相关专栏。在传播体系层面，湛江日报社通过打造全媒体产业，构建平台、拓宽渠道，借助新媒体渠道在无垠的虚拟空间中吸纳用户，扩大业务范围与影响力、公信力，大力推动"新闻＋政务服务商务"的路径创新，并在报纸端、平台端、客户端牢牢把握住舆论引导的主导权，不断革新新闻的形态，以此来适应技术环境的变化。

（二）茂名市

茂名日报社在媒体融合的过程中同样遇到了地级市媒体融合发展过程中亟待解决的问题：一是资金投入不足，传统媒体的影响力与广告收入断崖式下跌，导致媒体经费不足，员工待遇不高；二是人才老化断层，茂名日报社近十几年来人员流动率低，虽然在搭建新媒体技术平台上作出了努力，但没有足够的人才来激活整个全媒体传播体系；三是制度僵化，现有资金无法支撑组织架构的深度改革，导致考核制度、用人制度落后；四是缺乏融合机制，现阶段停留在新媒体与传统媒体相加的浅层状态，还未达到彻底的融合。因此在后续的全媒体建设中，需要拓宽自身的业务范围与渠道，坚持优质内容的输出，从而扭转盈利状况。在有资金保证的情况下，加强人才引进与培养、设备投入，从而形成全媒体采编队伍，形成资金、人才、技术的良性循环。

（三）阳江市

阳江日报社在媒体融合上的创新体现在三个方面，一是通过全媒体矩阵的建构来发挥平台聚集效应，通过"中央厨房"的建设，阳江日报社从单独的报纸过渡到了由"报、网、微、端、屏"编织而成的传播体系，实现了动态、多维的内容融合。利用平台的集聚效应，对媒体资源与渠道进行整合，提升新闻报道的传播度与传播效果。二是大力创新融媒体内容生产，通过全媒体工作室来策划一系列的重大主题报道，在数量与质量上并重，在民生服务、城市形象等主题上进行呈现，在引发本地市民强烈共鸣的同时加大对城市的宣传力度。三是全员参与融合转型，夯实业务能力。阳江日报社将 2020 年设定为"素质提升年"，举办"百日大练兵"等全媒体培训活动，锤炼"四力"，使人才队伍的传统媒体经验转化为新媒体时代的实践经验，促进新闻工作队伍的全媒体转型。

四、粤北地区

（一）韶关市

韶关日报社的媒体融合模式的特征主要体现在四个层面，首先是在宣传策划当中，为了对新闻资源进行有效的挖掘、整合与安排，成立了由骨干成员领导、参与的新闻策划小组，将策划重点放在重大节点、事件，在做好调研的基础上注重主题的时效性，并留有适时调整的空间。其次是全力投入重大事件的全媒体报道中，通过全媒体指挥中心，打破部门之间的隔阂，根据报道需求来调动人员、物资，从而完成滚动式、全方位的报道。再次是通过简讯、主稿、社论、专题、短视频等多元化的模式来丰富传播的内容。最后是以移动优先的理念来推进全媒体融合传播，尤其是将重心放在微博、微信、抖音、快手等新媒体平台与自有客户端。

（二）河源市

新媒体具有时效性强、受众互动性强、覆盖面广、传播速度快与表现形式丰富的特点，为了应对这些变化，河源日报社在媒体融合的实践中对采编工作进行了针对性的改进。全媒体时代，传统采编工作存在选题与表现形式过于单一、内容深度与广度不足、新媒体意识与时效性意识薄弱的缺陷，新闻工作者普遍缺乏竞争意识，难以成功转型为新媒体记者。因此，河源日报社加强了新闻的时效性，尽量在网络平台中做到首发与抢发，从而抢占信息传播的先机。为了能够获得更多的首发新闻，河源日报社积极拓宽消息来源，深入基层中获取信息，从而使新闻内容更加贴近生活。在表现形式上，除了传统的文字、图片、视频，还积极使用 VR、H5、短视频、互动游戏等新技术，产出吸引用户的新闻产品，并在标题上进行了创新，突出标题制作的重要性。与此同时，河源日报社也在持续加强采编人员的培训，优化全媒体采编流程。

（三）梅州市

梅州市委、市政府结合梅州本地的实际情况，提出了市、县共建共享平台的构想，开创了"1＋2＋8"的"梅州模式"，也就是说，1个市级融媒体技术平台与 2 家市级媒体、8 家县级媒体，通过广东广电网络"南粤全媒体智慧云平台"进行整合，形成融合共通、资源共享的管理架构。一方面，通过平台实现资源的共通共享，能够节约成本，对各个媒体进行统一的服务与安全方面的管控；另一方面，系统集约的技术架构将"省、市、县、镇、村"形成了五级联动，将广电网络延伸到千家万户中，扩大了主流媒体在渠道上的优势，将党的声音传播到基层中。"南粤全媒体智慧云平台"不仅实现了采编上的创新，还将党建、政务、公共服务等嵌入其中，形成了一个综合的信息与服务枢纽。

（四）清远市

2017 年，清远广播电视台正式启动媒体融合改革，通过多年的探索与实践，取得了较为不错的成绩。在顶层设计上，清远广播电视台在体制机制上进行了突破与创新，推动了绩效考核制度的落地，"从台长开始，进行分工调整，绩效奖金与分管领域的业绩挂钩，领导班子与员工实行'一荣俱荣，一损俱损'的捆绑管理。如果分管领域未完成月度目标任务，班子成员不但拿不到全额奖金，还将按未完成比例扣罚"①，推动了整体管理思维的改革与重塑。在晋升体系上，鼓励年轻人通过竞聘的方式成为中层管理人员，使得员工的能力与岗位相匹配，让合适的人做合适的事情，从而使臃肿的中层队伍得到精简。在人才引进上，大力吸收年轻力量的加入，从而使得整体队伍风格与新媒体相契合。

（五）云浮市

云浮日报社依托云浮融媒中心，将其作为市级融媒体中心的主体平台，创造性地提出了"市、县、镇、村"四级融媒体协作的联动报道模式。云浮融媒中心起着统一调度、指挥与分发的职责，对整个区域200多家新媒体资源进行了整合，形成了报纸、广播、电视与新媒体平台相融合的媒体矩阵，改变了媒体各自为战的状况。通过微信群将各村镇新媒体运营人员、新闻秘书、特约通讯员等进行聚合，形成内外联动模式。在具体流程上，云浮融媒中心对所有平台的信息进行收集，通过全媒体指挥中心将任务指派到全媒体编辑中心，再分发给全媒体记者进行采写编，汇总到全媒体数据库中。

---

① 卢少峰、张瑞、曾小军：《从三千万到两年破亿：欠发达地区媒体融合的"清远现象"——清远广播电视台"盘活"中层队伍、推动融合发展的创新实践》，《新闻战线》2019年第12期。

●本章小结

　　本章阐明了广东省媒体融合的发展现状，为下编东莞日报社（东莞报业传媒集团）的媒体融合实践经验与模式提供了时空坐标与参考标准。以此为基础，对比下编东莞日报社（东莞报业传媒集团）的实际经验，能够帮助我们看到其媒体融合发展的独特经验与路径模式。

下编对媒体融合的理论内涵、政策指向、各地经验进行了梳理总结。研究发现，在过去十年乃至更长时间的媒体融合进程中，各家媒体对于"究竟什么是媒体融合""媒体融合实践应该如何开展""应以哪些具体路径与手段来落实推进媒体融合实践"三方面问题有着持续的困惑。

以东莞日报社即东莞报业传媒集团（下称"东报传媒"）为主要研究分析对象，围绕是什么、如何做、做什么的问题，下编将回顾和梳理东报传媒近年来在融合发展理念、体制机制创新、新闻生产创作、经营管理革新、社会治理参与五大层面的媒体融合工作成效，并在"中央、省、地市、县"四级媒体融合向纵深推进的背景下，从理论层面探讨地市级媒体融合发展的东莞经验的独特之处，书中所使用的数据统计和具体事例截止到 2023 年底。以此种"管中窥豹"的方式，记录中国媒体融合发展进程的历史侧面，亦为相关媒体单位的融合发展提供一定的参照意义与经验借鉴。

▶第五章
东报传媒的融合发展理念研究

　　媒体融合的演进发展是传媒领域发生的一场重大而深刻的变革。在这场变革中，思想是行动的先导。思想解放的程度决定着媒体融合发展的力度与深度。思想解放的指向与方向，也决定着媒体融合实践开展的路径与模式。因而，创新观念可以被认为是媒体融合实践探索的重要前提。进入 Web 2.0 时代以来，社会化媒体的勃兴极大地冲击了传统主流媒体的既有观念。彭兰指出，每种媒体在其发展过程中都会形成独属于自己的文化特性。在报纸、广播、电视等传统大众媒体在互联网时代向新媒体转型及新老媒体的融合进程中，"以内容为根基"的传统媒体文化与"以人为根基"的互联网新媒体文化之间存在着巨大的文化性的障碍。① 在此背景下，转变以往点对面的"大锅饭"式信息供应方式，改变高高在上的"庙堂式"内容生产风格，整体以开放、多元的观念来拥抱媒体融合，适应不同用户群体的信息需求，就有着重要的意义。近年来，东报传媒在转变自身发展观念、适应互联网传播方式等方面作出了多方面的探索。

---

　　① 彭兰：《文化隔阂：新老媒体融合中的关键障碍》，《国际新闻界》2015 年第 12 期。

从认识论的角度出发，本章将主要基于东报传媒历年的官方文件、年度总结、规章制度等相关材料及对报社内资历较深的新闻工作者的深度访谈，阐述东报传媒在多年来的媒体融合进程中所形成的融合发展理念。

一、在竞争危机中求生存：东报传媒融合理念的基因

东报传媒的媒体融合进程最早可追溯到 2003 年。是时，广东省域内跨地区的办报风潮盛行。作为经济大市和新闻富矿的东莞，快速汇聚了南方日报、羊城晚报、广州日报三大报业集团的三张主报及其旗下《南方都市报》《新快报》《信息时报》等子报的地方版。此外，周边的深圳报业集团及一些香港媒体的进入，真正将东莞变为白热化的新闻竞争市场。在生存危机与发展挑战之下，如何合理配置和正确运营本地媒体资源的问题就成为关系到东莞日报社生存与发展的重要课题。2004 年 6 月，东莞日报社在其 18 周年社庆之际，不仅推出了创纪录的 136 版的社庆特刊，还发表了《本土媒体的使命》的专门社评，首次亮明了将以开放包容的姿态与外来媒体展开竞争的态度。由此，围绕着破解竞争危机、求得生存发展这条主线，东莞日报社始终坚持跟进媒体发展的浪潮，主动谋求自身转型，进行着长达 20 余年的媒体改革、融合转型的实践探索。

二、改变、改制、改版、改址："四改"奠定改革理念之风

如果说 2003 年是将"危机意识"注入东报传媒基因的关键节点的话，那么 2006 年则是将"改革思维"深深铭刻在东报传媒的又一个重要的里程碑。是年，东莞日报社不仅在优质内容方面推出了《梦起松

山湖》《走向城市文明》《3·15 特刊》等大型特刊，在全国范围内引起了良好的反响；针对自身体制改革，东莞日报社更是提出了"改变""改制""改版""改址"的全方位改革，全面推动着自身的转型发展。

首先，"改变"主要指的是改变自身发展观念。针对这一目标，东莞日报社提出了"向大报看齐，拜对手为师""以省级大报要求谋划东莞报业未来发展"的工作思路。围绕这一思路，报社更是明确了"自2007年起每年确定一个工作主题，逐步推动东莞报业发展"的工作方式，要求推动"从单一产品形态向多元系列产品形态转变""从产品生产向整合营销转变"，以此来"延伸产业链条、丰富产品种类、拓宽经营渠道、调整收入结构"，最终实现报社的跨越式发展。对照当前全国各地市级媒体融合实践，东莞日报社早在 2006 年的改革提法事实上已经符合当下媒体融合发展的要求和理念。

其次，"改制"指的是"理顺管理体制、创新发展机制、激发报社内部的活力和潜力"。这一年，东莞日报社由"收支两条线、财政核补"的事业单位，改为"事业单位、企业化管理、市场化运作、自收自支、财政监管"的特殊制度，并从人事、薪酬管理、财务资产管理、考核评价机制等方面进行了全方位转变。中层干部与原来的行政级别脱钩，实行竞争上岗；全体员工与原来的事业编制身份脱钩，实行全员聘用制；全员收入与经营绩效挂钩，实行绩效考核薪酬管理制度。

再次，"改版"是指针对东莞日报社旗下媒体进行升级改版。主要是进一步明晰了办报、办刊、办网的理念，坚持正确的政治方向、舆论导向，坚持新闻价值和视觉优先、内容为王的原则，实施错位发展、差异化竞争战略。整体形成了"党报的心，都市报的身"的办报理念及封面导读化的版式风格。例如，在版面内容方面，《东莞日报》以政经新闻为主体，全面整合了各类主流新闻资源，在时政、经济、文体新闻三大领域全面出击。同时，通过新增"第一时讯""核心报道""实用新闻""经济新闻""镇区新闻""热线新闻"等版面，倾力经营"会说东莞话"的新闻与专题，全面抢占本土新闻制高点；通过新增"世界新闻""中国新闻""体育新闻"及"娱乐地图"等版面，让读者能够每天第一时间获得具有国际化视野的权威资讯；通过新增《阳光周刊》，打造最贴近本土的生活服务类周刊；周日改版为《文化周刊》；周一、周四、周六新增"城市副刊"等，并开辟出《旗峰》系列言论栏目，紧扣时代主题，把脉焦点话题。而在版式设计语言方面，《东莞日报》则主动对接国际版式设计潮流，报头字体由原来的羲之体改为东坡体，并采用与众多国际著名大报相一致的"黄金报型"，以较强的视觉冲击力和浓郁的城市气质在全国地市报中独树一帜。

最后，"改址"是东莞日报社近 20 年来在实体空间中作出的最大变革。根据事业发展的需要，东莞日报社通过自筹资金在东莞南城街道三元路 8 号建设了东莞报业大厦，实现了报社办公地址从莞城街道罗沙路到南城街道三元路的迁移。

通过改变、改制、改版、改址的四项改革，《东莞日报》在全国地市报业中打响了"本土就是主流"的办报口号，强势挺进了中国报业市场竞争的主战场，颠覆了长期以来以省报集团为主体的中国报业市场格局。

三、跨媒体与多元化：互联网浪潮下东报传媒融合理念的演进与发展

（一）从"东莞报业网"到"东莞时间网"——媒体融合的第一步

以 2006 年改革为起点，东莞日报社进入了超常规、跨越式发展的

快车道。是年，报社实现广告收入 6400 万元，比上年增收约 1000 万元，2007 年则一举突破亿元大关，以同比增长 65% 的速度创造了中国报业的奇迹。也正是 2006 年，中国的互联网浪潮迎来了大发展、大跨越。2006 年 8 月，中国互联网络信息中心（CNNIC）发布消息称，CN 域名注册量增长速度居全球首位，网民数量跃居世界第二，博客、播客、IPTV、手机媒体及网络出版已初现苗头，以数字化媒体形式向用户提供信息和娱乐服务的传播形态逐渐开始成为主流。① 在此浪潮下，东莞日报社也没有落后于时代的发展步伐。2007 年 11 月 1 日，东莞日报社开始发力网络，东莞报业网正式开通，并同时上线了《东莞日报》电子版，促使东莞日报从单一的报纸媒体向多元化媒体融合布局迈出了一大步，突破了其原本对于"报业"的框架与定义。经过 2008 年约一年的试运行，东莞报业网达到了配合党政中心工作、服务网民、贴合用户的需要，发展出了新闻中心、财经、娱乐、时尚、汽车、数码、地产、体育、健康、人才、旅游等 10 多个频道，以及独立论坛、博客区域新闻网和社区网，彼时网站的日页面浏览量达到了 20 万次。2009 年 1 月，在东莞日报社"将更多资源投入在谋划新型媒体发展"的指导理念下，东莞报业网升级更名为东莞时间网，从"传者本位"转变到"受众本位"，开始着力打造满足网民阅读需求和提供与城市生活息息相关的资讯为主的服务平台。

　　东莞报业网的开办是当时传统报人迈向互联网传播环境的重要一步。彼时，报社内部普遍认为"数字传媒是报业未来发展的必要投资""如果不投资现在，就会输掉未来"。而从"东莞报业网"到"东莞时间网"的升级更名，更是体现了东莞日报社在探索数字化新型媒

---

① 匡文波：《2006 新媒体发展回顾》，《中国记者》2007 年第 1 期。

体时的"去报业化"姿态。对于"东莞时间网"这一名字，时任领导曾表示："时间一词本身有着极大的想象力，代表着无穷无尽，代表着一切的一切，代表着及时与时效。当它与东莞合用时，更体现出了鲜明的地域性。东莞时间网既能将其与东莞日报社的新闻血缘准确表达，又能激发网友的城市认同感。采用东莞时间网作为网站名称，不仅能够上线《东莞日报》的电子内容，更能包容其他各种类型的线上内容与产品，更具有现代感、互动感、时尚感。"[①]

自其首次上线测试起，东莞时间网就以跨媒体和多元化的新型媒体形态着力进行着传统主流媒体的融合探索。一方面，东莞时间网设立了新闻中心、体育频道、时尚频道、娱乐频道、时间网论坛、东莞网站导航等若干细分频道来满足各类网友的信息需求；另一方面，东莞时间网更是通过生活点评等频道，将点评、图片、电子地图、检索等若干实用功能集于一体，推动该网站向生活资讯及服务类网站转型。而对于其生存定位的问题，东莞时间网依靠的是本土强大的新闻资源、社会资源，通过专注于本地信息的提供，强化自身地域性特征，实现网络与报纸、网络和用户、线上与线下的多重互动，进而在当时各类网站林立的时代求得生存与发展。

（二）《东莞时报》《看东莞》——积极探索传统纸媒的新形态

如果说网站的建立是东报传媒主动发展新型媒体形态的重要一步，那么《东莞时报》《看东莞》等子报、子刊的创立就是东莞日报社在传统纸媒尚未迎来"报业寒冬"时积极开发传统纸媒新形态的重要探索。

---

① 《东莞报业网今日正式更名升级为东莞时间网》，中国台湾网，http：//www.taiwan.cn/local/guangdong/xinwentupian/200901/t20090108_813158.htm，2009 年 1 月 8 日。

1.《东莞时报》——地市报中整合营销理念的先行者和践行者

创刊于2008年3月的《东莞时报》是东莞日报社主管主办的都市类报纸。一经推出,《东莞时报》就获得了巨大的成功。创刊当天,发行量12万份的《东莞时报》达到了96版的版量。其中,本地新闻超过22个版面,收费广告占版率达到了50%,创刊当日实现收入236万元。①

作为一份创办时间相对较短的纸媒,面对着品牌力、影响力都相对有限的问题,《东莞时报》推出了"整合营销·四轮驱动"的生存口号,并成立了独立于采编、发行及广告部门的专事活动的品牌推广部,通过以活动促发行、以活动带广告的方式,实现产品、发行、广告、活动的整合营销经营策略。如在《东莞时报》创刊之前,报社就通过组织"《东莞时报》战歌征集""'万人共写时'报名活动""时报小记者采风""时报记者林"等多项活动,共同为时报的创刊造势。而在内容生产上,区别于同一时期以"有良知"的舆论监督及媒体评论为主要内容特色的《南方都市报》等一众纸媒,《东莞时报》走的是强化民生、服务、情感的路线,重点体现温暖、互动、服务的亲民特征。因此,频繁与读者互动并不惜篇幅报道就成为《东莞时报》办刊的一条行为准则。②

2012年起,《东莞时报》开始以"民生、慈善、服务"为抓手,不仅将民生新闻放在时政之前,并且通过开辟《每日民生焦点》专栏、每周推出《民生周刊》等形式,对与老百姓息息相关的重要话题

---

① 谭军波:《〈东莞时报〉:搭上开往春天的地铁——〈东莞时报〉创刊记》,《今传媒》2008年第5期。

② 谭军波:《整合营销 四轮驱动:〈东莞时报〉的活动观》,《中国报业》2009年第6期。

进行讨论，着重关注、报道乃至帮扶社会弱势群体，以此来强化与读者的互动性，形成了良好的口碑。[①] 2016 年 5 月，配合东莞地铁 2 号线的建成，《东莞时报·地下铁》周报也开始发行，取得了良好的反响。在 2012—2020 年，《东莞时报》依然在服务本地新闻受众方面起到了很好的示范效果，但整体大环境的"报业寒冬"仍然对其造成了巨大的冲击。2020 年 12 月 31 日，为响应国家媒体深度融合发展工作部署，《东莞时报》在其头版发表了《转身仍是少年——致读者》的改版词，并进行改版。

2.《看东莞》——开创多元合作、主动拓展的办刊办报模式

《看东莞》是东莞日报社以合作办刊的模式为报业纸媒发展的多元化作出的积极尝试。2010 年 7 月，经东莞市人民政府同意，东莞侨务局与东莞报业传媒集团合作，在原来《东莞乡情》的侨刊基础上，改版创刊了《看东莞》杂志。该杂志为月刊，每月中旬出版，以"品读东莞，知行天下"为办刊口号，立志办一份具有全球视野、东莞特色、正经风范的新型侨刊。其目标读者除遍布 110 个国家和地区的有影响力的东莞籍同胞外，还有东莞的 9000 家侨资企业、5000 家台资企业的老板和主要高管人员，以及东莞各级领导干部。该杂志的栏目设计以深度报道和解释性报道为重拳产品，试图充分发挥媒体的言论作用，帮助海内外读者"看见"东莞，并主动向世界范围内的所有读者提供对于东莞的看法和解析。在纸质杂志的基础上，为适应移动互联网传播的发展，该刊还创建了微信公众号、电子杂志的传播矩阵，不仅实现了杂志的二次传播，还建立起连通读者的新平台，受到了海外侨胞和港澳同胞的一致好评。

---

① 谭军波：《〈东莞时报〉的"温暖"追求》，《中国记者》2013 年第 4 期。

（三）从新媒体发展到全媒体经营——东报媒体融合纵深发展的重要转向

2012 年，东报传媒的广告营收结束了多年的增长，转而掉头向下，步入了延续多年的下降通道。在移动互联网的时代浪潮下，微博、微信、客户端等数字化新型媒体抢走了大批的传统媒体受众，开始蚕食传统媒体的广告份额，危及报业经营的根基。为应对报纸生存面临的艰难困境，东莞日报广告公司首先提出了利用新媒体、新技术改造传统媒体的经营模式与思路，注册了微博及东莞日报读者俱乐部等微信公众号，并于 2013 年开发上线了东莞日报分类广告网上预订和支付平台，在报业经营上率先开始了融合探索，由此步入了传统媒体转型升级的探索期。

2013 年 12 月，东莞报业传媒集团进一步组建了新媒体发展中心。在运营原本东莞日报微博、东莞时报微博的基础上，东莞报业新媒体发展中心开始致力于微信矩阵的建设。发展到 2016 年，东莞报业形成了东莞日报、东莞时报、东莞时间网三个头部微信公众号及 20 多个垂直号的微信矩阵，相关账号的粉丝总量最高时曾达到 300 万。在这一阶段，东报传媒的新媒体传播矩阵及发展战略取得了初步成效，为日后媒体融合朝纵深方向推进奠定了坚实的基础。

在新媒体发展中心的发展驱动下，2014 年底，围绕"为东莞移动资讯、智慧城市建设再添新载体"的目标，东莞日报社上线了"i 东莞"客户端。2015 年 5 月，"i 东莞"客户端 2.0 版本上线，初步搭建起一个集新闻、生活资讯、服务于一体的移动应用平台，并形成了东报传媒"一网、两微、一端、一矩阵"的新媒体格局，与报纸一同组成了全媒体舆论阵地和全媒体传播方阵。2016 年 4 月，东莞日报社全媒体"中央厨房"1.0 版本正式上线，实行 24 小时发稿、全媒体推送的运转机制。2017 年 4 月，东莞日报社全媒体"中央厨房"升级为2.0 版本，采编一体化功能进一步优化，为实施"两小时发稿制"提供技术支撑，并实现了重大新闻第一时间、多渠道发布，搭建起全媒体、全方位、广视角的传播渠道。

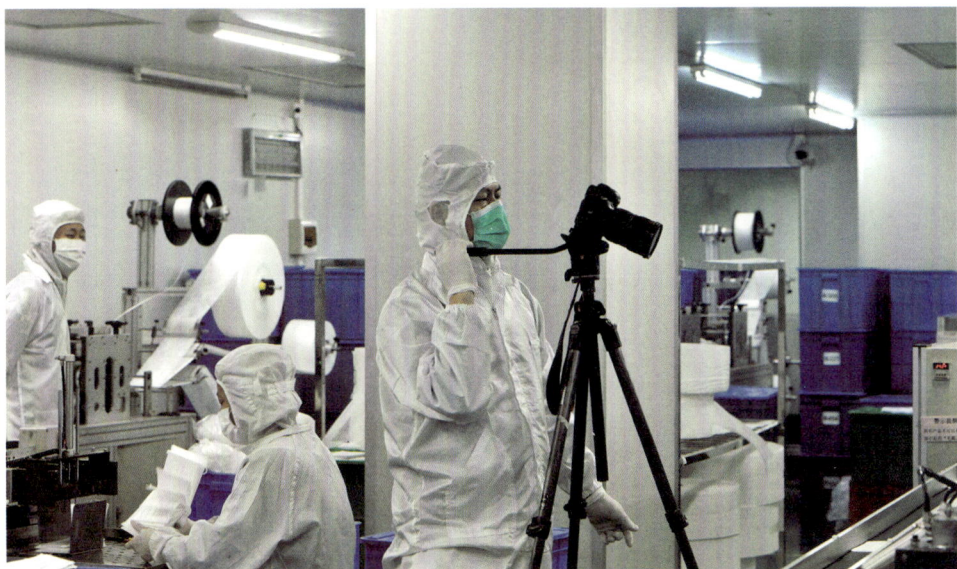

图 5-1　东报传媒摄影记者深入企业采访拍摄（2020 年 3 月）

2019 年 4 月，以"移动优先"为首要理念的全媒体采编中心正式在东莞报业传媒集团成立。经一年的工作运营，东莞日报社全媒体采编中心实现了《东莞日报》与《东莞时报》两报稿件的"移动优先"发稿全覆盖。由于流程机制改革的顺利进行，不同于之前的新媒体发展中心，全媒体采编中心在实际工作中起到了狠抓发布时效、采编协同、"i 东莞"联动的效果。而基于全媒体采编中心的编委会则通过重点选题单制度，加强重点新闻的策划和提前沟通，重点选题责任到人，新闻发布时效明显提升。当年末，东莞日报全媒体采编中心平均每个月的发稿量约 1600 条，月均字数达 160 万字以上；平均每天发稿则达到了约 50 条，日均字数达 5 万字以上。从"新媒体发展中心"到"全媒体采编中心"的发展举措不仅反映着东莞日报社在体制机制方面的实践探索，更反映着东莞日报社从"适应新媒体环境"到"发力全媒体传播"的媒体融合理念变革。而这一发力全媒体传播的媒体融合理念，对今天东报传媒尚在进行中的媒体深度融合仍然具有持久的影响。

（四）从"i 东莞"到"东莞＋"——自主可控的主流舆论新阵地

2022 年 6 月 1 日，迭代多年的"i 东莞"客户端更名升级为"东莞＋"客户端全新亮相。不同于原本后台操作系统陈旧落后、品牌宣传反响平平的"i 东莞"，"东莞＋"采用了红色基调的全新视觉体系，logo 标识重点突出"用心报天下"的东报传媒精神，试图以此来让"东莞＋"主流党端的品牌形象深入人心。用户体验上，基于新的融媒体平台底层架构的"东莞＋"客户端摆脱了以往技术底座陈旧的局限和弊端，不仅通过系统升级新增了短视频功能，更将设计语言调整为适应于为用户带来沉浸式竖屏阅读体验的风格。此外，"东莞＋"还对"i 东莞"原本的"飞卡阅读"等功能进行了优化，不仅让用户在阅读新闻时体验到"飞一般"的感觉，还在"听东莞"语音频道下推出《听帅叔叔讲故事》等专栏。此外，还向外界上线了诸多融合了文字、图片、声音、视频等多种形式的新媒体产品内容。而相比于以往较为简单的新媒体信息内容生产，"东莞＋"在其发布之初就着力用更优质、更精准的内容来进行"圈粉"。同时，"东莞＋"聚焦粤港澳大湾区协同发展的时代趋势，紧跟东莞城市的发展定位，及时推出了"双城要闻""科创速递""莞深联动""科创＋""1 小时生活圈""You 东莞"等新的特色频道，在强化跨区域联动传播、助推湾区深度融合的同时，也促使其内容更接地气，为粤港澳大湾区一体化建设提供了自主可控的、数字化的主流舆论新阵地。

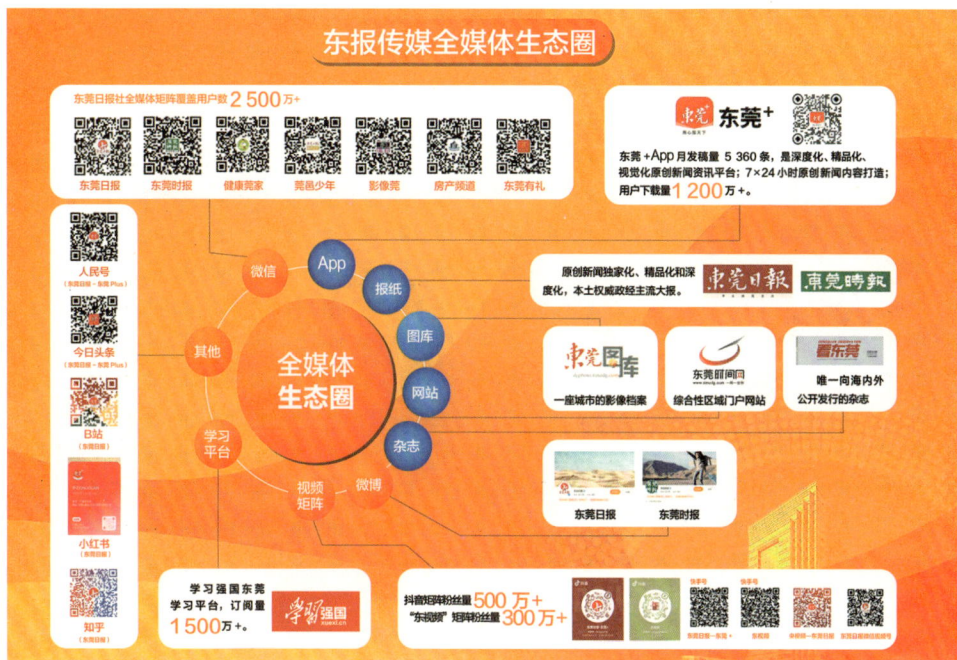

图 5-2　东报传媒全媒体生态圈（2024 年 4 月）

四、体制机制、经营发展、人才队伍：东报传媒深度融合的三大面向

2020 年以来，在深入贯彻习近平总书记关于媒体深度融合发展的重要论述精神，认真落实中共中央办公厅、国务院办公厅《关于加快推进媒体深度融合发展的意见》，并在东莞市委、市政府和市委宣传部的正确领导下，东莞日报社针对组织架构、经营发展与队伍建设三方面的问题，开启了相比于以往更为全面、更为广泛、更为深刻的媒体改革与融合实践探索。

（一）以体制融合为基础，重塑组织架构

2020 年，东莞日报社根据市委编委《关于调整东莞日报社机构编制事项的通知》等文件精神，以事业单位机构改革为契机，结合新媒体发展趋势和网络传播特点，设置和完善了新型主流媒体的组织架构。

图 5 - 3　2024 年 5 月 30 日，由东莞市市场监督管理局与东报传媒共同打造的"一起查餐厅"节目走进茶山、石龙

1. 规范机构设置

全面清理和撤销了原来自设的机构，全面调整了内设机构的职能分工，实现了规范管理、有序运作。改革后内设机构精简至 18 个，比改革前减少了 4 个，机构运作更为高效。

2. 整合采编职能

着力建设适应全媒体传播规律的新闻生产组织架构，合并了原来

《东莞日报》、《东莞时报》、新媒体发展中心的采编部门，调整为采访、编辑、可视化、技术等四大中心，将各采编部门员工"合而为一、融为一体"，实现了采编资源的统一指挥、统一调度，融媒生产力和统筹力明显提升。

3. 新设融媒部门

根据视频传播需要，先后设立了融媒编辑部、创意视频部和"东莞+"运营中心，在内设机构方面打破传统媒体与新媒体的界限，更好适应读图时代。2021年，可视化中心运营的"东视频"品牌被评为2021年度全国地方党媒融合发展创新示范项目，在抖音平台发布视频15000多个，年度播放总量约60亿次，"东莞+"抖音号综合实力稳居东莞"政媒号"第一名。

（二）以经营融合为保障，增强报业实力

以融合改革为契机，东莞日报社重构了经营管理体系，理顺经营职能，加强经营管理，拓展经营业务，降低经营成本，实现经济效益与社会效益"双丰收"。

1. 优化经营发展格局

坚持"事业单位、企业化管理"，坚持市场化、企业化、公司化改革方向，推动事业与企业分离、管理与经营分离、采编与经营分离。成立经营管理委员会，适应广告下行趋势和媒体发展特点，先后成立全媒体经营公司、文化创意事业部、舆情与智库研究院、新媒体代运营事业部、培训事业部，加上原有的发行、印刷、多维等公司，构建了"1个传媒集团、11个经营实体"联动发展格局。

2. 提高经营管理水平

根据各公司独立核算、独立经营的特点，采取"分步推进、逐步消化"的方式，落实成本管理，开拓创新业务，推进扭亏增盈。完善

经营管理机制和财务监控机制，建立业绩挂钩考核机制，增强市场竞争意识和能力。扎实开展开源节流、清产核资和债款追收，关停并转亏损项目，实现节能增效、节支增收。

3. 创新经营模式业务

探索"新闻+政务服务商务"发展模式，发展新闻宣传、发行物流、广告营销、教育培训、编辑出版、舆情智库、活动策划执行等多种业态。推进东站地块等资源开发，探索发展传媒文化产业、文化会展经济。目前，经过努力，东报传媒综合实力、影响力、竞争力保持在全国地市级党报前列，不断擦亮"全国地市报10强"品牌。

图5-4　2023年5月20日，为响应东莞市520全城告白活动，由长安镇政府和东报传媒联合主办的"绿道长安 与你同行"长安镇52000米健步行活动举行

（三）以人才融合为支撑，打造专业队伍

习近平总书记2016年2月19日在党的新闻舆论工作座谈会上指

出，"媒体竞争关键是人才竞争，媒体优势核心是人才优势"。2020 年
以来，东莞日报社始终坚持人才强社战略，开展人事改革，推动全员
转型，进一步打造政治坚定、业务精湛、作风优良、党和人民放心的
新闻舆论工作队伍。近年来，干部队伍综合素质和履职能力明显提升，
队伍结构全面优化。到 2023 年底，采编、行政人员 298 人，有职称人
员 158 人，占比 53%，其中高级职称 14 人，中级职称 64 人，初级职
称 80 人；高层次人才 53 人，创新人才 44 名。① 整体展现出朝气蓬勃、
奋发向上的精神面貌，进一步打造全能型、全媒型的全媒体特种部队。

图 5-5　东莞报业传媒集团工会拓展训练活动大合影（2018 年 11 月）

---

①　根据东莞市委宣传部《关于加强东莞市宣传思想文化人才队伍建设的实施方案若干
问题的补充说明》，"高层次人才"的定义为在我市工作或创新创业，具备硕士以上学历，或
持有高级专业技术资格证书，或具备高级工职业技能资格证书的人才。"创新人才"的定义为
引进前已具有硕士研究生以上学历（或硕士以上学位），或引进前已具备中级以上职称（或专
业技术人员职业资格），或引进前已取得国家职业资格证书一级/高级技师（或职业技能等级
证书一级/高级技师）的人才。

1. 坚持系统观念，提升"引才"成效

科学做好新时代人才的工作宏观谋划和顶层设计，编制出台了《员工综合素质三年提升计划》《员工职称提升三年计划》，制定印发了《关心关爱员工行动指导意见》，出台《荣誉称号授予工作管理办法》，并完善配套制度30多项，建立技能人才培养规划体系。认真落实宣传思想文化领域"千名人才计划"，2023年引进"千名人才计划"①人才18名；近年来，共计公开招聘事业编制专业技术人才21人，社会招聘81人，校园招聘36人。研究出台了《引进高层次人才和短缺专业人才管理办法》，引进导演、总监等紧缺岗位人才10人。

2. 加强教育培养，提升"育才"水平

大力构建多维度学习培训体系，建立"东莞报业云学堂"网络学习平台，实施新员工轮岗培育机制，建立了"师徒制"结对培养机制。搭建了新员工集训、中层骨干媒体训练营、部门轮训、交流沙龙、省内外同行联合培训及跟班学习等多层次、多形式的学习培训平台，年均组织员工20余批次到外单位交流学习考察，年均举办各类培训达100多场。持续鼓励和支持技术人才参与专业技术职业资格考试、职称评审，推动职称覆盖率在采编、行政部门不断提升。出台《职级评选和管理办法》，建立职务与职级并行、职级与待遇挂钩的"双通道"。

---

① "千名人才计划"中"人才"的定义为引进前已具有硕士研究生以上学历（或硕士以上学位），或引进前已具备中级以上职称（或专业技术人员职业资格），或引进前已取得国家职业资格证书一级/高级技师（或职业技能等级证书一级/高级技师），或引进前获市级以上荣誉称号或表彰奖励（宣传思想文化类），或引进前在宣传思想文化领域工作业绩突出或有一定影响力的专业人才。

图5-6　青年员工岗位互换体验活动（东报传媒资料图）

3. 完善体制机制，营造"用才"环境

实施干部轮岗交流和挂职锻炼制度，近年来共计交流调整中层干部14人次，优秀骨干和中层干部34人次跨部门挂职。制定《中层干部竞争上岗实施办法》，实施"揭榜挂帅"推动"跑马争先"，引导人才创新创业。建立年轻干部"向上"挂职锻炼机制，实施"中层干部人才储备锻炼计划"，采取公开竞聘的方式，甄选4名优秀年轻干部到中层岗位挂职历练。建立名记者名编辑工作室，公开遴选了多批次"名记者""名编辑"。科学制定考核考评机制，出台《聘任制中层干部任期考核办法》，优化《薪酬与绩效管理制度》，建立全媒体考核考评制度，设立总编辑奖，以"多劳多得、优劳优酬"激励机制，充分调动全体干部职工的积极性、主动性和创造性。

五、东报传媒推进媒体融合纵深发展的五大理念

（一）以《指导意见》为引领，进一步增强媒体融合自觉

深入学习领会习近平总书记关于媒体融合发展的重要论述和重要指示批示精神，全面贯彻落实中央全面深化改革领导小组审议通过的《关于推动传统媒体和新兴媒体融合发展的指导意见》，准确把握省委、市委对媒体融合发展的部署要求，统一思想、提高认识，切实增强了对推动媒体融合发展的重要性、紧迫性、必要性的认识，进一步坚定了思想自觉、政治自觉和行动自觉。

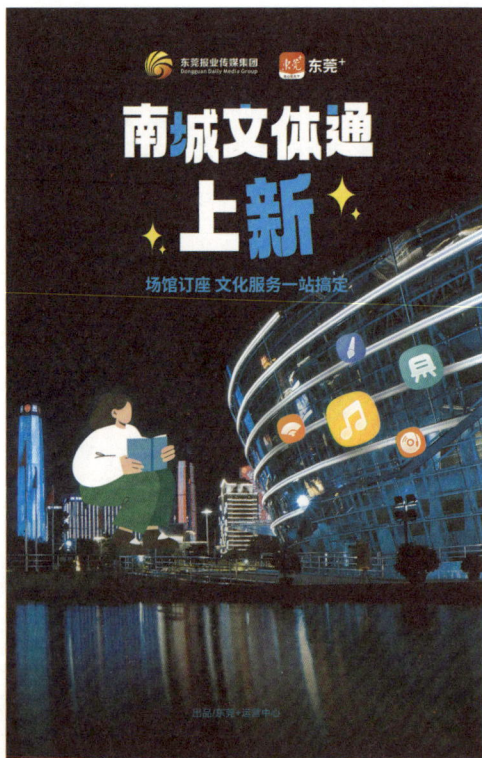

图 5-7 "东莞+"客户端文体通新功能上新（2024 年）

东报传媒主动把推动媒体融合发展作为落实意识形态工作责任制的重要内容，列入报社党委重要议事日程，并作为"一把手"工程，采取有力措施积极稳妥推进。研究制定了《东莞日报社推动媒体融合发展三年行动计划》，建立了每月一次的新媒体建设推进会制度，先后投入4000多万元大力发展新媒体，举全社之力、聚全社之智推进媒体融合发展。

（二）以平台建设为重点，进一步巩固宣传文化阵地

围绕建设新型主流媒体集团目标，扎实推进传统媒体和新兴媒体同步发展。加强了《东莞日报》《东莞时报》的改革改版工作，不断提升传统媒体的传播力、引导力、影响力、公信力。加大了新兴媒体的建设力度，努力做大做强网络平台，占领新兴传播阵地，先后规划建成了东莞时间网，"东莞＋"新闻客户端，"东莞日报－东莞＋"微视频，东莞日报、东莞时报和东莞时间网微信微博公众号及抖音号、快手号，初步形成了"两报两微两号一网一端一屏"的新型主流媒体格局。截至2024年4月，《东莞日报》年发行量15万份，抖音号粉丝量突破500万，"东莞＋"App用户下载量超1200万，日活率居全国地市级新媒体平台前列，东莞日报社实现了从传统媒体向新型媒体、从区域媒体向全国媒体的华丽转身和精彩蝶变。

（三）以内容建设为根本，进一步壮大主流思想舆论

始终坚持团结稳定鼓劲、正面宣传为主方针，坚持移动优先、内容为王思路，坚持正确的政治方向、舆论导向和价值取向，充分发挥传统媒体内容生产的优势，切实做好重大主题宣传策划，推出更多弘扬正能量、传播主旋律的新闻产品，讲好东莞故事，传播好东莞声音，扩大东莞影响。推出《鼓励新闻精品创作总编辑奖暂行办法》，规划建设了一批名记者名编辑工作室，着力打造名栏目名报社，大力引导

采编人员多创作精品力作，以进一步扩大新闻的权威性、影响力。近年来，每年都有近5000件作品被学习强国平台和人民网、新华网等全国性媒体转载或采用，有100多件新闻作品获得国家、省、市级的新闻奖，荣获过中国新闻奖三等奖、全国政法优秀新闻作品二等奖、中国篮球新闻奖、残疾人事业好新闻奖、"学习强国"征文优秀奖、广东省好新闻奖等，获奖数量和质量在全国地市级媒体中名列前茅。

（四）以先进技术为支撑，进一步提升新闻传播能力

用足用活中央和省市推动媒体融合发展的政策，用好市支持新媒体发展的资金，大力加强新媒体平台和"中央厨房"的建设，坚持以先进技术驱动媒体融合发展。每年举办新媒体发展训练营，着力培养全媒体人才，引导采编人员学习运用数据抓取、移动直播、无人机采集、全景拍摄、3D、H5等技术，创新新闻生产能力，丰富新闻表现形式，不断提高新闻资讯呈现的质量和冲击力。东报传媒的传播渠道更加多元，传播手法更加多样，传播速度更加高效，传播效果更加良好，基本形成了全方位、全天候、全覆盖的传播格局。在《2019全国党报融合传播指数报告》的传播力项目评比中，《东莞日报》获评第12名，位列全国地市级党报第1名，"东莞日报－i东莞"抖音号传播力位列全国地市级党报第5名，"东莞日报i东莞"快手号排名全国地市级媒体号第7位，东莞日报社代运营的"东莞市公安局微信公众号"跻身全国优秀政法微信公众号第36位。

（五）以机制改革为动力，进一步确保媒体融合成效

结合事业单位机构改革的相关契机，东莞日报社因势而谋、应势而动、顺势而为，按照媒体融合发展的要求，全面调整了内设机构，实现了《东莞日报》《东莞时报》和新媒体发展中心等媒体采访、编辑、审核、发布各部门的有机融合，打破了原有体制障碍，有效整合

了人力资源，初步实现了"一次采集、多种产品、多端发布""融为一体、合而为一"的目标。根据媒体融合发展的需要，构建了新型的采编流程、考核机制、薪酬制度和"三审三校"制度，实现了同工同酬、多劳多得、优稿优酬，极大调动了采编人员的工作积极性、主动性、创造性，提高了新闻生产和传播的质量与效率。目前，东莞日报社已经初步形成集约高效的内容生产体系和传播链条，媒体融合发展初见成效，媒体的传播力、引导力、影响力、公信力显著增强，朝着一流新型主流媒体的目标迈出了坚实的一步。

图5-8　东莞日报社荣获2023年度城市党报媒体深度融合工作先进集体

● 本章小结

21世纪初以来东莞日报社在其自身的媒体融合进程中形成了一系列的认知和理念变革，具体来说，表现为以下几个方面。

一是对媒体的根本认知发生转变。从传统的报纸媒体到数字化的全媒体，东莞日报社逐步认识到传统媒体单一形态的局限性，通过深入贯彻习近平总书记关于媒体深度融合工作的重要论述精神，践行中央、省、市关于媒体融合的相关文件精神，以及按照东莞市委、市政府与市委宣传部的部署安排，东莞日报社在互联网冲击、新媒体机遇、全媒体发展的过渡进程中，全面意识到未来媒体的生存发展之道，始终坚持深度融合、持续转型的发展理念，不断地适应新的传播规律，在竞争激烈的媒体环境中求得自身的转型发展。

二是确立了"以《指导意见》为引领、以平台建设为重点、以内容建设为根本、以先进技术为支撑、以机制改革为动力"的融合发展理念，并主要以体制机制、经营发展、人才队伍为工作抓手，形成了一个全面、系统的发展框架，不仅凸显了在融合中各方面各环节的重要性，更通过具体的实践探索切实地推动了自身媒体转型发展的全面升级。

三是对于媒体技术的重视程度不断提升。在媒体融合的进程中，东莞日报社充分认识到技术是推动媒体发展的支撑因素，引入融媒体系统、大数据、云计算、移动直播、无人机、H5等先进技术，不仅提升了新闻生产能力，丰富了新闻表现形式，还构建了全媒体生态系统。这种对技术的重视反映了东报传媒对时代变革的敏感性，通过技术创新实现了更为灵活、多元化的传播方式，使东报传媒更好地适应了现代社会的多样化需求。

四是强化机构融合与调整。通过对组织架构的调整，规范机构设置、整合采编职能，打破传统媒体与新媒体的界限，形成更为高效、统一的内设机构，使采编资源能够更好地统一指挥和调度。

五是及时更新内容生产观念。主要是以内容建设为根本，讲好地方故事。加强内容建设，强调传播当地声音，推动重大主题宣传策划，这反映了对媒体使命和责任的新认识，不仅注重形式的创新，更注重内容的深度和影响力。

六是以融合改革为契机，优化经营发展格局。通过对经营管理体系的重新构建，实现了社会效益与经济效益的"双丰收"，在市场化、企业化、公司化的改革方向下，构建了多元化、联动的经营实体，推动经营可持续发展。

▶第六章
东报传媒的体制机制融合研究

　　体制机制层面的融合工作实践，关乎全媒体传播时代下主流媒体的转型成效。2013 年，党的十八届三中全会将媒体融合写入全会决议和公报，提出"要整合新闻媒体资源，推动传统媒体和新兴媒体融合发展"。媒体融合是互联网新型媒介技术驱动下的一场传播革命。从生产力与生产关系变革的视角出发，媒体融合的本质是：新闻生产力的突飞猛进倒逼传统媒体机构，通过优化生产关系，以实现合乎全媒体传播时代要求的体制机制层面的融合管理创新。[①]

　　基于这样的融合态势，体制重塑与机制改革同样成为地市级主流媒体融合路径上的必然要求。只有通过体制机制层面的融合实践，方可构建符合互联网时代、全媒体传播要求的新型新闻生产传播关系，促使媒体融合在纵深方向上发展迈进。

　　多年来，东报传媒在体制机制融合方面也进行了一系列深入的探索与实践。本章将重点从组织架构变革、流程机制再造、经营管理发

---

　　① 向泽映：《媒体融合的本质逻辑：新闻生产力发展倒逼管理创新》，《青年记者》2023年第 13 期。

展、人才发展培养四个方面解析，试图阐明东报传媒媒体融合发展进程下的体制机制融合与嬗变。

一、破与立：东报传媒组织架构的融合变革

自 2006 年起，面对着传媒行业态势的发展变化，东报传媒在组织架构融合方面积累了深厚的实践经验。

（一）早期的改革与融合：社务委员会的设置与精简

2006 年之前，东莞日报社开设有办公室、总编办、要闻部、记者部、政文部、经济部、文艺部、摄影美工部、财务部、广告部及经营管理部十一个科级机构，另外还有东莞市报业广告公司和东莞日报印刷厂两个经济实体。

2006 年 3 月 15 日，东莞日报社举行改革动员大会。后经市委宣传部同意，报社不仅建立了社务委员会，下设编辑委员会、行政委员会、经营委员会，还通过注册成立经营公司的方式将原有的经营业务进行了剥离，实现了市场化运作。此举将报社的组织架构与原本的行政编制进行了脱钩，还建立了适应于企业化运作要求的法人治理结构与组织架构。

其中编辑委员会是东莞日报社重要的机构。当时该机构下设了编务管理、新闻采编、副刊采编、专刊采编四大中心。编务管理中心又下设评论部、摄影部、视觉部及校对室；新闻采编中心下设时政要闻部、社会新闻部、镇区新闻部；副刊采编中心主要负责管理政文部、文艺部、体育部；专刊采编中心下辖 IT 数码部、房产汽车部、财经新闻部。

此外，行政委员会与经营委员会则是当时东莞日报社求得生存发展的重要保障机构。彼时，行政委员会主要下辖行政管理部、人力资

源部、公共事务部、信息技术部四大部门；而经营委员会（东莞报业传媒发展有限公司）则下辖计财中心、广告公司、印务公司三大公司。

尽管社务委员会的设置在今天看来依然有着十足的合理性和科学性，但三级汇报的组织架构在实际工作中并不符合精简高效、协作扁平的管理原则。秉持着"明确权责、强化专业"的改革理念，2007 年10 月，东莞日报社再次对其组织架构进行调整。首先，撤销了社务委员会办公室（社委办），并将其原有职能并入了行政委员会。这一举措既将报社行政管理的职能进行了融合和强化，又解放了各新闻采编部门在行政体制机制下的自主性和能动性。其次，撤销了新闻采编中心、副刊采编中心，开始由执行副总编辑直接协调管理各采编部门，强化了报社对于新闻采编环节的直接管理。再次，专门增设了经营办，专门对接和处理报业经营业务的扩展需要。最后，还进行了一系列部门更名：一是将"编务管理中心"更名为"总编办"，总体协调和管理报社各项采编事宜；二是将"专刊采编中心"更名为"专刊新闻部"，精简了原本的 IT 数码部、房产汽车部、财经新闻部；三是将"政文部"更名为"城市生活部"；四是将"计财中心"更名为"财务部"。

（二）大发展下的融合：《东莞时报》的创刊与报业集团的成立

2008 年，随着《东莞时报》的创刊，东莞日报社变为以《东莞日报》、《东莞时报》及东莞报业网（后更名为"东莞时间网"）为三大主体的组织架构设置。

《东莞日报》方面，报纸仍以编辑委员会、经营委员会、行政委员会为核心机构。其中：编辑委员会统筹协调十二个部门（时政新闻部、要闻编辑部、社会新闻部、镇区新闻部、摄影部、评论部、视觉部、城市生活部、文艺部、体育部、总编办、新闻与传媒发展研究所）的工作；经营委员会主要围绕专刊新闻部、东莞日报广告公司、财务部、东莞日报印务公司、经营办来开展经营发展相关工作；行政委员会则主要管理人力资源部、行政管理部、信息技术部、公共事务部。而《东莞时报》方面，报纸采用较为扁平的组织机构设置，主要设立了行政部、财务部、品牌推广部、东莞时报广告公司、时事新闻部、经济新闻部、文体新闻部、总编办、考评部、都市新闻部、机动新闻部、图片新闻部、美术编辑部和镇区新闻部。

在日报和时报迎来大发展的情况下，2010 年 6 月，经东莞市委批准，东莞报业传媒集团成立。集团党组（管委会）成为当时组织架构上的核心部门，主要统筹协调与原本三大委员会相对应的编辑委员会、集团职能部门及东莞报业传媒集团有限公司。其中，编辑委员会整合了原本相对独立的日报、时报、东莞时间网乃至《看东莞》等杂志的采编部门；东莞报业传媒集团有限公司则管理了集团当时下属的各个子公司；而"集团职能部门"则替代了"行政委员会"，重组了集团办公室、人力资源部、经营管理办公室、财务中心等部门。

图 6 - 1 　东莞报业传媒集团成立（2010 年 6 月 1 日，陈栋摄）

2012 年，随着互联网和新媒体的崛起，西方多家老字号报刊停刊停办，报业寒冬席卷而来。也正是这一年，我国报业的发行量和广告额发生了急剧下滑，报纸广告刊例价平均下滑了 7.5%，东莞报业旗下传统媒体均受到了猛烈的冲击。在报业寒冬下，以往分工明细的组织架构设置开始逐渐显得臃肿。2013 年 4 月，东莞报业传媒集团开始了"大部制改革"，主要从理顺职能部门架构，调整东莞时报机构、实行大中心制，完善东莞日报专刊新闻部管理架构三方面进行。

在理顺职能部门架构方面，东报传媒主要将此前分立的行政管理部、公共事务部一并整合进了集团办，节省了行政办公的各方面成本；将人力资源部、信息技术部独立作为集团职能部门，突出了对人力资源与信息技术两方面工作的重视；并将经管办升格为经营管理中心，实现大经营，对其下属的经营公司开始进行统一集中的宏观调控管理，同时加强集团对其旗下公司在采购、资产、预算、经营等工作的管理监督职能，协调各单位形成合力。在调整东莞时报机构方面，报社开始实行大中心制，设立了编辑中心、采访中心、广告中心和总编办等四个部门机构。而在专刊新闻部管理方面，为应对市场发展趋势，报社完善了专刊新闻部的考核办法，取消了行业年度增量考核，强化和提高了专刊在广告经营中的地位，进一步完善了其组织架构。这些举措初步奠定了东报传媒媒体融合发展在组织架构层面的"集约化模式"。

（三）转向全媒体业态：新媒体发展中心与全媒体经营中心的成立

2013 年 8 月 19 日，习近平总书记在全国宣传思想工作会议上首次提出"要适应社会信息化持续推进的新情况，加快传统媒体和新兴媒体融合发展，充分运用新技术新应用创新媒体传播方式，占领信息传播制高点"。① 这一讲话为深陷报业寒冬的东报传媒指明了面向媒体融合发展的努力方向。同年 12 月，报社党组随即决定，成立集团新媒体发展中心，负责新媒体建设与运营、信息技术保障等工作。原本的信息技术部整体被并入新媒体发展中心。是时，新媒体发展中心与时间数字传媒有限公司（东莞时间网旗下）实行"一套人马、两块牌子"合署办公。东莞日报微博小组、东莞时报微博小组人员也划归新媒体发展中心统一管理。至此，东莞日报、东莞报业传媒集团开始在组织架构变革上迈出了媒体融合发展的重要一步。

2016 年 2 月 19 日，习近平总书记在党的新闻舆论工作座谈会上指出，"党的新闻舆论工作必须创新理念、内容、体裁、形式、方法、手段、业态、体制、机制"，并且"要适应分众化、差异化传播趋势，加快构建舆论引导新格局"。② 2016 年 3 月，报社党组调整了东莞时报的发展规划，并撤销了东莞时报下辖的总编办、政经部、都市部、图片部、文体部，保留原有的编辑部、视觉部，成立采访部、生活部。同年 4 月，报社党组决定成立全媒体经营中心，调整原本较为松散的经营部门组织架构。新的全媒体经营中心开设有集团客户服务部、集团品牌推广部、集团大客户部、日报广告公司、时报广告公司、多维新媒体广告有限公司、新媒体项目部（业务管理）、行业经营工作室（业务管理）等八个部门。2018 年 1 月，东报传媒再次调整了全媒体经营中心的组织架构和部门职责，撤销了原本的日报广告公司、时报广告公司、集团大客户部，新设立全媒体经营中心行业营销部，上述

---

① 习近平：《在全国宣传思想工作会议上的讲话》（2013 年 8 月 19 日），《习近平关于全面深化改革论述摘编》，北京：中央文献出版社，2014 年，第 84 页。

② 习近平：《坚持党的新闻舆论工作的正确政治方向》（2016 年 2 月 19 日），《论党的宣传思想工作》，北京：中央文献出版社，2020 年，第 183 页。

部门原有工作人员整体被并入下设 1 个策划组与 3 个细分行业组的行业营销部。由此，报社开始将自身的经营业务调整到面向新媒体业态、全媒体赛道的市场。

图 6-2 东报传媒记者在东莞市"两会"现场组织采访报道（2018 年 1 月）

二、改与统：东报传媒融合生产机制的重塑再造

（一）通过机构改革，理顺部门职能

2019 年 3 月，《求是》杂志发表了题为《加快推动媒体融合发展 构建全媒体传播格局》的习近平总书记署名文章。文章指出，"要抓紧做好顶层设计，打造新型传播平台，建成新型主流媒体，扩大主流价值影响力版图，让党的声音传得更开、传得更广、传得更深入"。

同月，根据东莞市机构改革情况及媒体融合发展需求，东报传媒对有关部门进一步开展调整整合。围绕时政新闻与评论采编、教育健康与房产汽车、文化体育与旅游生活等部门条线，报社重新组建了日报要闻评论部、日报城市生活部、文体新闻部三个具有融合性质的新部门，同时撤销了原本较为臃肿的要闻编辑部、评论部、专刊新闻部、文艺部及体育部。同年4月，报社全媒体采编中心成立。适应于媒体深度融合发展的新闻采编组织架构得以初步建立。

2020年，根据中共东莞市委机构编制委员会《关于印发〈东莞市从事生产经营活动事业单位改革工作方案〉的通知》（东机编〔2020〕22号）、《关于调整东莞日报社机构编制事项的通知》（东机编〔2020〕74号）的精神和市委宣传部的统一部署，报社开始进行事业单位改革，全面梳理和清理内设机构的职能分工。改革后，报社党委会直接管理编辑委员会与行政职能部门两大版块。编辑委员会方面，主要设置了编辑、采访、可视化、技术和新行业发展五大中心。此外，还有总编办与战略发展部两个机构为五大中心提供重要支撑。其中，编辑中心主要负责要闻编辑部（重大时政新闻）和融媒编辑部（各网端其他类型新闻）两方面工作；采访中心根据记者的工作条线安排，下设时政新闻部、镇街新闻部、经济新闻部、都市新闻部；可视化中心则因应当下移动短视频兴盛的发展浪潮，设置了创意视频部和摄影视觉部两个部门；新行业发展中心下设主要由记者组成的行业新闻部，外加舆情与智库研究院、报业文化公司、编辑出版中心。值得说明的是，除行业新闻部外，新行业发展中心的其他相关部门，与全媒体经营公司、发行公司及印务公司等同属东莞报业传媒集团的经营部门。

图 6-3　东报传媒独家承接东莞地铁广告运营，探索媒体深度融合线上线下一体。图为 2024 年 8 月 10 日（七夕节），向曾在东莞奋斗的"2 亿人"告白

2020 年后，东报传媒的媒体融合迈上了深度发展的又一个台阶。在组织架构基本稳定的情况下，2021 年，东报传媒引进了新的融媒体生态系统，推出了"i 东莞"App 的新版本，并在 2022 年开始将其更名为"东莞＋"App。在建立自主可控新媒体技术底座和平台建设的基础上，东报传媒通过上线"东莞图库"，参与建设运营学习强国东莞学习平台、东莞市城市文化研究中心等，进一步完善报业融媒功能。而依托融媒体指挥中心，东莞日报社建立完善了适用于全媒体传播的采编联动平台、融媒采编系统、客户端内容发布管理系统、热点发现及舆情监测系统、传播效率评估系统等。并且通过有效整合各种媒介资源和生产要素，全面优化策、采、编、审、发各环节联动管理机制，让"一次采集、多种生成、多端发布、多元传播"成为常态。

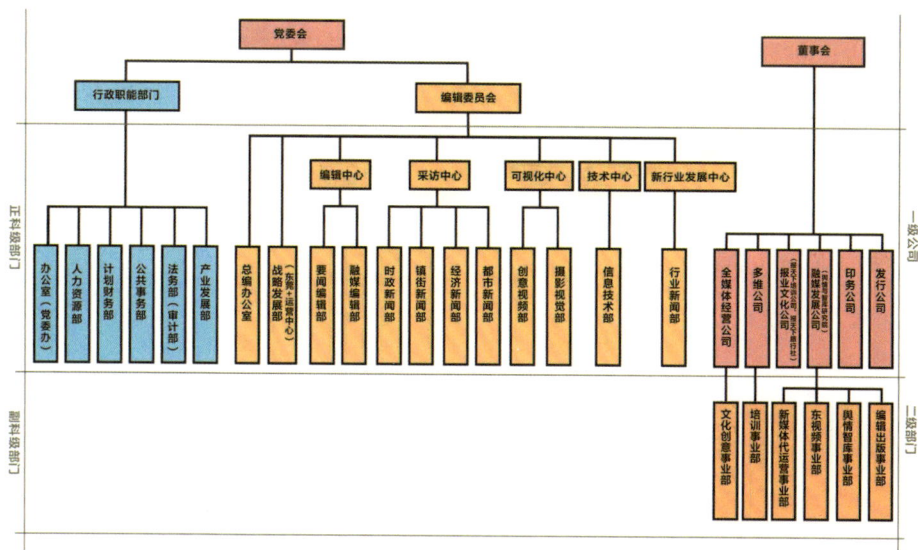

图6-4　东莞日报社（东莞报业传媒集团）组织架构（2024年4月）

（二）适应融媒环境，完善制度建设

通过上述机构改革工作，报社突破了自身原本体制的壁垒与束缚，重新将东莞日报、东莞时报、新媒体发展中心等旗下机构各自所拥有的媒体采访、编辑、审核、发布等部门有机融合在一起。在有效整合人力资源的基础上，还建立了"一次采集、多种生成、多端发布、多元传播"的融媒体采编与经营流程，形成了具有集约高效特征的内容生产体系和传播链条，迈出了自身媒体深度融合发展的坚实一步。

在建立健全融合采编的新闻生产管理制度方面，东莞日报社作出了诸多创新性的探索。2017年4月，在东莞日报"中央厨房"2.0版本运行的基础上，开始实施"2小时交稿制度"与"24小时发稿机制"，开始落实重大要闻第一时间发布与多渠道发布机制，并通过出台《关于采编标准化操作的相关指引》《关于进一步加强采编安全生产及内容把关工作的相关指引》一系列制度，成功建成全媒体、多方位、广视角、强导向的主流媒体阵地。2020年，制定出台了《全媒体采编流程》，修订规范了"三审三校"制度，并通过严格执行"两小时发稿制"、每日召开采前会编前会、每季度召开意识形态工作研判会议，加强对融媒体新闻内容与产品的意识形态安全把关。同年，《鼓励新闻精品创作总编辑奖暂行办法》得以制定实施。名记者名编辑工作室的建立，进一步激发了干部职工对于融媒体时代的干事创业热情。此外，全媒体作品考评、编辑考评办法也得到了修订和完善。原来东莞日报、东莞时报、东莞时间网三个媒体三套制度的问题得到了解决，实现了同工同酬、多劳多得、优稿优酬，进一步推动了采编工作提质增效。此外，围绕媒体融合深度发展，报社研究制订了《东莞日报社推动媒体融合发展三年行动计划（2020—2022）》，建立了媒体融合发展专题会议制度，强化了推动报社媒体融合向纵深发展在人、财、物三方面的保障，并在此后不断通过更新、修订、增补等方式完善和健全自身新闻生产的相关制度。

图 6-5　东报传媒摄影记者在 2015 年苏迪曼杯世界羽毛球混合团体锦标赛现场采访拍摄（2015 年 5 月）

（三）规范采编管理，统一工作流程

在机构改革与制度完善的基础上，报社还对两方面工作流程进行统一，重构了适应媒体融合发展需要的全媒体生产传播流程，实现"策采编审发核"一体化的融媒内容生产机制。首先是统一了原本在融媒体生产机制中相对分离的调度与指挥职能。报社主要通过成立全媒体编委会，强化了对采编部门人、财、物的统筹协调，建成融媒体生态系统，实现了线上和线下的统一指挥调度，形成了统一协调、科学高效的领导体制和决策机制。针对原来三个媒体三套制度、标准不一、同工不同酬等不利因素对症下药，2020 年以来制定修订了《全媒体作品考评办法》等媒体制度，构建了一套统一的全媒体制度、流程和标准。其次，报社统一了在原本融媒体生产流程中相对独立的分发和传播环节。主要是建立了完善的全媒体传播机制，针对重点选题、重点策划根据新闻价值、宣传要求实行三级响应机制，针对不同内容、载体、渠道、受众特点精准传播。与学习强国、央媒省媒、社会化平台、大湾区媒体联盟、东莞融媒集群等建立内容联动和传播机制，让东莞好故事、东莞好声音传得更深更远更广。

三、放与管：东报传媒经营发展的融合模式

传统媒体与新兴媒体融合成功的关键，往往被认为是是否建立了现代化的传媒体制。[①] 除组织架构的融合以外，改革落后的管理制度与建立现代化的治理模式则是建立现代化传播体制的关键。长期以来，

---

① 朱鸿军、农涛：《媒体融合的关键：传媒制度的现代化》，《现代传播（中国传媒大学学报）》，2015 年第 7 期。

东莞日报社非常重视内部制度建设。2006年第一次全面改革后，报社的制度建设进入了高速发展的快车道。2009年6月，报社编印了《东莞日报社制度汇编》，将2006年后出台的49项制度、广告公司10项内部管理制度、印务公司19项内部管理制度汇编成册，并在报社内部印发执行。其中，领导决策5项、组织人事9项、行政后勤11项、采编管理23项、经营管理"1+10+19"项。在此之后，随着客观环境条件变化、内部改革不断深入，报社规章制度不断增补、修订及失效废止。发展至2016年8月，根据国家法律法规要求，结合报社组织架构调整、人员变动及工作需要，报社开展了大幅度的制度建设梳理工作，开始对以"东报通"文件形式发布的123项制度进行了系统梳理，分别废止1项、修订43项、新增6项相关制度。2020年之后，又开展了较多的融合制度完善，其内容涵盖了领导决策、行政后勤、组织人事、财务管理、经营管理、编务管理、新媒体建设与管理、信息技术等各个方面。总体上形成了较为完备的制度体系，为报社开展新闻采编、经营发展、行政管理等各项媒体深度融合实践环节提供制度基础与保障。

图6-6 《东莞日报社职级评选机制》获评2023年度城市党报媒体深度融合发展优秀创新案例

（一）经营发展格局的建立健全

2017 年，伴随组织架构的调整，报社开始上线使用全媒体经营中心广告平台、工作平台，实现了报社各媒体广告发布的流程再造、融合互通、统一管理、实时监控和内部工作效率的提升；升级东莞日报社广告平台，优化便民服务。尝试经营新模式，重新启用报业文化传播有限公司，有效整合教育、健康项目与资源；实现集团大客户部独立运营，形成与报社其他业务方向互补的格局。通过探索营销新思维，加强采编与经营联动，先后多年成功组织举办大学生篮球联赛、东莞高校招生咨询会、"创业女神"媒体评选等各类活动数百场。

2020 年，结合媒体融合和事业单位改革工作，东莞日报社重塑了报业"事业和企业双重治理结构"。2021 年，报社进一步实行经营管理委员会议事决策，逐步建立起规范、明晰的集团企业化管理模式，完善项目管理、合同管理、业务管理、生产管理、绩效管理、采购管理、物品管理等 114 份经营管理制度文件，推动经营可持续发展。在上述体制机制得以优化的背景下，东莞报业开始实行全员营销策略，社领导带队洽谈业务，经营数据每周上墙公布，定期召开经营分析会，巩固拓展客户资源，主动策划精准营销，高质量完成保存量任务。夯实发行物流业务方面，完成了各年度的征订任务，实现了《东莞日报》十五万份的发行目标。

总体上讲，东莞日报社以融合改革为契机，重构经营管理体系，理顺经营职能，加强经营管理，拓展经营业务，降低经营成本，实现经济效益与社会效益"双丰收"。一是优化经营发展格局。坚持"事业单位、企业化管理"，坚持市场化、企业化、公司化改革方向，推动事业与企业分离、管理与经营分离、采编与经营分离。成立经营管理委员会，适应广告下行趋势和媒体发展特点，先后成立全媒体经营公司、文化创意事业部、舆情与智库研究院、新媒体代运营事业部、东视频事业部、培训事业部，加上原有的发行、印刷、多维等公司，构建了"1个传媒集团、11个经营实体"的联动发展格局。二是提高经营管理水平。根据各公司独立核算、独立经营的特点，采取"分步推进、逐步消化"的方式，落实成本管理，开拓创新业务，推进扭亏增盈。完善经营管理机制和财务监控机制，建立业绩挂钩考核机制，增强市场竞争意识和能力。扎实开展开源节流、清产核资和债款追收，关停并转亏损项目，实现节能增效、节支增收。三是创新经营模式业务。探索"新闻＋政务服务商务"发展模式，发展新闻宣传、发行物流、广告营销、教育培训、编辑出版、舆情智库、活动策划执行等多种业态。推进资源开发和资产盘活，探索发展传媒文化产业、文化会展经济。目前，经过努力，东莞报业综合实力、影响力、竞争力保持在全国地市级党报前列，"全国地市报10强"品牌得以不断擦亮。

（二）社务管理制度的建立健全

由于党媒党报的特殊性质，东莞日报社较早重视通过党的建设完善自身社务管理制度。2006年4月6日，东莞市委批准成立东莞日报社党组。同年12月23日，东莞日报社召开全体党员大会，宣布成立中共东莞日报社总支部委员会。2007年3月12日至15日，经营委员会党支部、行政委员会党支部、编辑委员会党支部先后成立，东莞日报社党组织进一步把党员在新闻传播舆论工作中的示范作用延伸到其单位的神经末梢。2010年4月20日，中共东莞日报社机关党委经批复后成立，东莞日报社召开党员大会，选举产生了首届中共东莞日报社机关党委委员。2016年11月26日，东莞市委组织部批复，同意成立中共东莞日报社委员会，同时撤销东莞日报社党组和东莞日报社机关党委。同年12月，东莞日报社党委召开全体党员大会，选举首届中共东莞日报社委员会，并随后设立党群工作部。2017 年 12 月 15 日，经东莞日报社党委会议研究决定，设立东莞日报社党委办公室，与东莞日报社（东莞报业传媒集团）办公室合署办公。

从党组到党委，从机关党支部到机关党委，东莞日报社的党组织建设经历了一个动态的发展过程。随着党组织的建设范围逐步扩大，不断延伸到报社的各个部门，东莞日报社的社务管理制度也在党组织的不断完善、党群关系的不断发展进程中得到了完善。

在党建引领下，按照"依法治社"工作要求，报社不断完善各项管理制度，认真落实意识形态工作责任制。2017 年，东莞日报社陆续出台了《重要事项督办制度（修订）》《采购管理办法（修订）》《事项审批和资金支出审批管理办法》等内部制度，规范日常管理。

2018 年，《报社领导班子成员到所在支部开展领学督学活动表》《东莞日报社关于贯彻落实新时代党的建设总要求　不断提高党的建设质量的工作方案》《中共东莞日报社委员会关于开展模范机关创建活动的工作方案》等文件印发，进一步确立了东莞日报社在媒体融合纵深发展进程下党建引领的方向。2018—2022 年，在大的文件精神方向指引下，《节能增效行动方案》《报业大厦日常巡检制度》《饭堂报餐制度》《资金支出凭证管理办法》《内部审计管理办法》《内设机构"三定"方案》《薪酬与绩效考核办法》《奖惩体系》等社务规章制度不断健全完善。此外人力资源、计划财务、法务审计、行政服务、巡检审计、后勤管理等各项社务管理工作的流程运转有序、有效推进，媒体融合发展得到了有力的制度保障。

2023 年全年，报社继续扎实推进基层党建。一是把政治建设放在首位，组织开展党委理论学习中心组学习 5 次、"第一议题"学习 21 次，忠诚拥护"两个确立"，切实做到"两个维护"。注重基层组织建设，制定《2023年党建工作要点》，督导党支部执行"三会一课"、主题党日制度，做好发展党员工作，在采编经营行政领域发挥好组织战斗堡垒作用和党员先锋模范作用。二是严格做好廉政建设，组织开展纪律教育学习会、内部巡检、内部审计多次，完善采购等重点领域制度建设。由此报社媒体融合发展得到了有力的制度保障。

图6-7　东报传媒组织党员参加主题党日活动（2023年9月）

（三）发展管理体制的特色经验

东莞日报社在管理机制、经营体制与发展机制等方面融合发展，取得较好发展成效，主要有以下三方面的特色经验。

1. 管理体制

实行事业单位、企业化管理、市场化运作、财政监管的管理体制，该机制让报社在保持事业单位性质的同时，又能适应市场规律，优化资源配置，保持强大的市场竞争力。完善现代企业制度，建立党委领导与集团法人治理相结合的事业和企业双重治理结构，形成产权清晰、权责明确、事企分开、管理科学的现代企业制度，更好地适应市场竞争。实行全员聘任制，事业编制人员与企业编制人员并存，双轨管理，实行"两脱钩"（中层干部与编制内行政级别脱钩；员工身份与事业编制脱钩）、"一挂钩"（全员工资收入与报业经营绩效挂钩）的制度。采用更科学的薪酬管理分配机制，经营公司实行费率制管理、采编部门实行绩效管理、行政部门实行定额制管理，在合理控制薪酬成本的同时灵活调动各部门和全体员工的工作积极性。

2. 经营机制

实行自主经营、自我发展、自收自支、自负盈亏的经营机制，报社拥有经营自主权，自身经营收入用于人员工资、媒体发展，使报社事业得到长足发展。自负盈亏让报社自我加压，有了做好做活经营的主动性、创造性和积极性。实行经管委决策议事，成立报业集团经营管理委员会，设置了法务部（审计部）和产业发展部（资产管理部），理顺了出资人、管理者与经营者的关系，形成了采编支持经营、行政监督经营、公司自主经营的较为规范、明晰的企业化运作模式，从根本上改变了"事业企业不分、采编经营不分、经营监管不分"的局面。聘用人员实行任期目标责任制，以岗位管理责任和聘用合同为依据，实行岗位目标任务管理，晋升和工资情况与完成业绩挂钩，初步实现了"干部能上能下、人员能进能出、收入能高能低"的常态化。通过经营机制的创新，有效推动了经营业务开拓，实现了经营业绩增长。

3. 考核制度

实行市属媒体绩效考核。为充分调动市属媒体单位的管理活力和创新能力，市委宣传部每年对市属两家媒体实行绩效考核制度，以社会效益与经济效益7：3的权重设置考核指标，根据每年的考核结果确定薪酬总额上限。如此有利于市直媒体坚持把社会效益放在首位、社会效益和经济效益相统一，推动媒体做强做优做大。实行薪酬与绩效管理考核，报业内部根据岗位不同，建立了适应不同专业技术工作特点和岗位特点的薪酬与绩效考核指标体系。全员实行同工同酬、以岗定薪，实现"优劳优得、多劳多得、少劳少得、不劳不得"的分配机制，激发干事创业的活力。通过建立健全与国有文化特色现代企业制度相符合、与新型国有文化资产管理体制相适应的媒体考核机制、工资决定机制，推动媒体稳步发展，做大做强主流舆论。

四、孵与育：东报传媒融合人才培育的制度演进

（一）建立专业化的报业员工培训平台

早在自身媒体融合走向纵深发展阶段之前，东莞日报社于2007年起就确立了搭建"报业讲坛""报业学堂""报业沙龙""道德讲堂"四大学习平台的创新员工培育机制，并以此作为学习型报业建设的重点，不断推动东莞报业的改革创新发展。

所谓"报业讲坛""报业学堂""报业沙龙""道德讲堂"四大学习平台，即通过对培训类型的分层设置、分类设置，实现对报社各岗位、各层级员工的培训提升。其中"报业讲坛"被定位为高端化、前沿化的培训平台，旨在帮助全体员工开阔视野、启迪思维，提高把握时局和媒体发展大势的能力。"报业学堂"被定位为系统化、专业化的学习平台，主要开设了新闻采编、经营管理、行政管理三个专业培训班，用以帮助不同岗位员工提高自身专业能力水平。"报业沙龙"被定位为专题化、互动化的交流平台，主要是推动部门内部之间、部门与部门之间、报社采编人员与读者间三个层次的专题文化交流学习，

以此来加强员工之间、员工与读者间的思想沟通与业务交流。"道德讲堂"则被定位为平民化、常态化教育平台，主要是通过身边的人讲述自己的道德故事，帮助全体员工接受道德洗礼、崇德向善。①

图6-8　东莞报业家年华之篮球总动员（2014年8月）

以2007年的"报业讲坛"为例，是年共开展了主题为"新闻策划与新闻资源开发""地级市党报发展趋势探讨""报刊整合营销""国情、现实与新闻理想""事件性新闻和采编管理"等五期讲座。这些讲座专家分别为时任中国人民大学新闻学院副院长蔡雯教授，时任南方报业传媒集团管委会委员、新闻研究所所长曹轲，时任《三湘都市报》副总编辑、著名传媒营销专家、《发行中国》作者谭军波，时

---

① 韩耀东：《搭建四大学习平台　推动报业创新发展——东莞日报社积极探索员工学习培训工作新模式》，《今日中国论坛》2013年第12期。

任广东省新闻工作者协会主席、暨南大学新闻与传播学院院长范以锦，时任《京华时报》总编辑朱德付。培训水平高、层次多、规模大，整合了学界与业界，为此后东莞报业的高水平人员培育开了风气之先。

而在2007年到2013年的7年间，东莞日报社在出台《员工学习培训管理办法》《报社重大活动纪律要求》等制度的基础上，通过将学习成员全员化、学习内容主题化系统化、师资队伍专家化、学习形式多元化多方面的努力，四大学习平台的学习成员多次获得了"南粤建功立业女能手""广东省优秀共产党员""广东省优秀共青团员""广东省优秀新闻工作者""东莞市优秀新闻工作者""东莞市劳动模范""东莞市优秀党务工作者"等称号，有效地提高了东莞日报社员工的政治素质、业务素质和作风素质。

（二）全媒体人才培训机制的实践与探索

新媒体时代以来，由于新兴技术冲击、传媒体制禁锢、经营压力增大、职业发展不佳等多方面风险挑战，媒体行业的从业人员离职频繁、流动频发。2014年，报社对培训进行了创新。一方面，通过制定《岗前培训管理办法》，建立新员工岗前培训轮训制度。新员工在5天培训期内可到7个相关部门进行体验学习，以此更好地了解报社、集团运作，更好地融入自身工作中。另一方面，围绕新媒体快速发展的业态趋势，报社开始实行小班制、专题制培训，组织员工参加符合自身岗位特点的培训。原本"报业学堂"的"采编班""经营班""行政班"被进一步细化为"采访班""编辑班""视觉班""新媒体班""经营班""行政班"及"财务班"，从大众化的员工培训到小众化、分众化、精细化的员工培训，东莞日报社开始从自身人才队伍建设做起，踏出了向媒体融合迈进的坚实一步。

表 6-1　东莞日报社历年在人才培训方面的工作方向与主要成效

年份	工作方向	主要成效
2004	加强职业操守	坚持"每周一小会，每月一大会"的学习制度；开展加强新闻工作者职业道德等"三项教育"；开展"贴近实际、贴近生活、贴近群众"教育活动
2006	主抓"学习"课题，强化学习机制	提出全员大培训计划；设计培训调查问卷，草拟培训制度；组织员工学习《中国新闻工作者职业道德准则》；组织员工学习《关于禁止有偿新闻的若干规定》等
2007	提升团队精神和凝聚力	制定《东莞日报社员工培训管理制度》；组织含报业讲坛在内的 9 期培训；分批对全体员工开展户外拓展训练；规定培训课程和考评成绩纳入员工评优和晋升依据
2008	"管理提升年"	组织岗前培训 5 次；组织 51 人次外出学习培训；开展报业宏观战略、品牌建设、新闻采编业务、业务相关法律法规等大型培训 10 余次
2009	实用、低成本	开展档案工作培训、新闻职业形象塑造、卓越营销员等立足于基层的培训达 15 次以上
2011	开展系统学习培训	依托"报业讲坛""报业学堂""报业沙龙"，全年开展 33 次各类培训；邀请业内专家、学者授课；初步与复旦大学、暨南大学等高校及外部机构建立合作关系
2012	培训正规化、制度化	全年组织开展各类培训 48 次，全年参训员工达 3151 人次，总课时达到了 964 小时；出台《东莞报业传媒集团员工学习培训管理办法（修订稿）》

（续上表）

年份	工作方向	主要成效
2013	加强完善人才培育	全年组织开展各类培训 56 次，参训员工达 3014 人次；全年在职员工学历学位晋升与申领教育补贴达 12 人（9 人本科，3 人硕士）；上线"员工培训平台"，帮助员工了解外部培训资讯与集团培训动向
2014	创新人才培育	实行小班制、专题制培训；拟定《岗位培训管理办法》
2015	探索培育融合人才	针对中层管理人员开展"媒体融合训练营"；全年开展培训 28 期，参学人数 686 人次
2016	全面重视媒体融合	全年共组织开展培训 77 场次，参训人数达 3834 人次；开设经营轮训班、采编轮训班、行政后勤轮训班；开展 2 期全媒体训练营、4 期全员拓展训练等
2018	加强意识形态安全	全年开展各类培训 81 场次，参训人数达 5475 人次；开展意识形态安全、宪法、学法 3 场全员线上考试；IT 技术轮训、全媒体训练营、安全把关培训及党课成为重点
2019	系统化、专业化、常态化	全年组织开展培训 93 期，参训人数 4522 人次；政治理论、新媒体知识、短视频拍摄与剪辑被纳入培训内容
2020	精准化、订单化、系统化	全年开展培训 60 期，参训人数 2318 人次；重点培养高水平的经营管理人才、全媒体技能人才和新技术应用专业人才，大力提高全员履职尽责能力素质

此后，随着媒体融合发展趋势的不断深入，东报传媒逐年加大了对自身人才队伍的建设和培育力度。2015 年，针对中层管理人员开设了"媒体融合训练营"。2016 年，针对报社采编人员又开设了 2 期全媒体训练营。2018—2020 年，新媒体知识、IT 技术、短视频拍摄与剪辑等内容成为报社对自身新闻工作者队伍建设的工作重点。通过将报社全员学习、中层干部脱岗培训、新员工培训、各个部门专题培训进行结合，东报传媒全面推动了采编、经营、行政与技术岗位人员的轮训，使全媒体培训内容覆盖到每一个人，全面提升了报社整体的知识结构与技能水平。

（三）逐步确立引育结合的融媒队伍优化机制

2020 年以来，报社始终坚持人才强社战略，开展人事改革，深入实施全员深度转型工程，进一步打造政治坚定、业务精湛、作风优良、党和人民放心的新闻舆论工作队伍。

图 6 - 9　2023 年惠州报业与东报传媒采编人员专题培训班在惠州举行（2023 年 6 月）

做好人才培养方面，报社出台了《员工综合素质三年提升计划》，实行学分学时制度，建立内部讲师团队，开展"师徒制"培训，与其他城市媒体开展联合培训、跟班学习，2020 年以来每年举办各类培训 100 多场，每年培训员工3000多人次，共推进 120 名员工多岗位跨部门锻炼，派出 24 人次干部到市部门跟班，不断提高队伍综合素养。到 2023 年底采编、行政人员 298 人，有职称人员 158 人，占比 53%，其中高级职称 14 人，中级职称 64 人，初级职称 80 人；高层次人才 53 人，创新人才 44 名。

通过深入实施全员深度转型工程，以党建引领思想转型，加强党的政治建设、思想建设、组织建设，教育引导全社干部职工深刻认识新时代新媒体新使命，以党的创新理论武装头脑、指导实践、推动工作。以改革实现业务转型，对落后产能、低效益的业务进行关停并转，加强对"40、50"人员业务转型，进一步打通采编、行政、经营人员流转渠道，让人员经历多个岗位、熟悉多种业务。以学习促进能力转型，结合员工能力素质与岗位匹配度调查，完善学习教育培训机制，做到"干什么、学什么""缺什么、补什么"，深入打造全能型的全媒体特种部队。

推进人才引进方面，报社通过用好绿色通道、社会招聘、校园招聘等渠道，采取放榜招贤、揭榜挂帅的形式招引人才，共计公开招聘事业编制专业技术人才 21 人，社会招聘 81 人，校园招聘 36 人。研究出台了《引进高层次人才和短缺专业人才管理办法》，引进导演、总监等紧缺岗位人才 10 人。建立资深首席评选制度，制订管理与技术并行、职务与职级并进的双通道方案，以充足的上升通道和空间吸引人才，为东莞新闻宣传事业注入了源源不断的新鲜血液。

图 6 - 10　东报传媒东视频·东莞理工学院创作实践基地、东莞图库·东莞理工学院工作站挂牌成立（2023 年 4 月）

加强人才管理方面，报社主要建立了领导干部任期考核、聘用期考核等机制，修订"三定"方案，修订完善《薪酬与绩效管理制度》，完善《奖惩体系》，强化薪酬总额控制，建立健全激励机制和容错纠错机制，有力营造了"能者上、优者奖、庸者下、劣者汰"的竞争氛围，初步建立了能上能下、能进能出、能高能低的人事体系，激发了队伍活力和战斗力，提高了干事创业的积极性、主动性。借由打造专业队伍的方式，东莞日报社将人才融合作为自身推进媒体深度融合的重要支撑，建立了党委领导，全媒体编委、经管委主导，行政、采编、经营分线作战，全员一步到位实现转型做新媒体的融媒体制与工作机制。

● 本章小结

本章主要从组织架构的融合变革、生产机制的重塑再造、经营管理的融合发展、人才培育的融合制度四个方面阐述了东报传媒在体制机制方面的融合发展。总结来看，东报传媒以体制融合为牵引，重塑了自身的组织架构，通过精简内设机构、新设融媒部门、理顺部门职能的机构改革，报社融媒生产力和统筹力实现明显提升；以制度融合为保障，东报传媒通过融媒内容生产制度与融媒社务管理制度的建立健全，为报社的媒体融合发展提供了有力的制度保障。此外，报社还以人才融合为关键，格外注重融合人才的培育与建设，初步建成了一支政治过硬、本领高强、求实创新、能打胜仗的新闻工作者队伍。

在东莞市委、市政府和市委宣传部的正确领导下，目前，东报传媒主要实现了四个方面的重要转变：一是实现了从传统媒体向新兴媒体的重要转变。主要建立了"报网端微屏"全媒体格局，形成了全方位全天候全覆盖的传播格局，成功实现由传统媒体到新兴媒体的脱胎换骨和华丽转身。二是实现了由纸媒向融媒转变。主要建立了党委领导，全媒体编委、经管委主导，行政、采编、经营分线作战，采访、编辑、可视化、技术四大中心的组织架构，实现了全员向新媒体转型。三是实现了由区域影响向全网影响转变。打通了向央媒推送稿件的渠道，有力拓宽了网络传播的空间，达到了内促工作外树形象的良好效果，增强了东莞的影响力、竞争力，提升了东莞知名度和美誉度。四是实现了由传统经营向现代经营转变。从过去发行、广告等单纯经营模式，向新闻宣传、教育培训、舆情智库、活动策划执行等多种业态转变，构建"1个传媒集团、11个经营实体"联动发展格局，2019年以来经营业绩逆势飘红。

　　然而，媒体融合的发展是一个长期的、持续的、动态的过程。东报传媒在体制机制方面的融合还需要根据媒体行业的不断发展与变化，持续进行改革与优化，不断强化不同平台之间的协同与整合，调整和提升管理效能，在确保机构运行的灵活性和适应性的基础上，更好地适应不同受众的消费习惯，推陈出新，培养具有创新意识的融媒体产品创作者，敢为人先、积极进取，成为新时代媒体融合发展的引领者和创新者。

▶第七章
东报传媒的融合新闻生产研究

前面两章对东报传媒媒体融合发展的思想理念发展演变进行了梳理，并解析了东报传媒通过组织架构变革、生产机制重塑、经营模式调整、人才发展培养等方面实现的体制机制融合。本章主要从采编、发布、运营等方面分析融合改革特征。聚焦报社新闻融合生产的先进工作经验，结合优秀案例，阐释东报传媒在新闻融合生产方面的模式特色与独特经验。

一、融合思维的逐步确立

东莞日报社以新媒体为发展中心的融合思维最早确立于 2007 年。是时，数字报纸与报网互动是报社融合新闻生产的发展重点。2009 年 4 月 18 日，《东莞日报》手机报正式接入移动全网，迈出了融合新闻生产的第一步。2010 年起，报社开始布局移动互联网，分别针对移动、电信、联通手机用户，相继推出了不同版本的《东莞日报》移动版。首年其用户量即突破了 15 万，跻身全国地市手机报前三名。

2011—2013 年，东莞日报社逐步开设了《东莞日报》、《东莞时报》、东莞时间网的微博、微信公众号，陆续组建了微博经营管理团队及新媒体发展中心。此外，因应智能手机、智能平板硬件的发展浪潮，报社先后自主开发了东莞日报 ipad 版、东莞时报 ipad 版、看东莞 ipad 版客户端等新媒体产品，并针对苹果、安卓等不同硬件设备做了软件适配，使不同平台用户均可以阅读《东莞日报》《东莞时报》的主要内容，并在优化升级中不断增加评论区等互动功能。

在此基础上，东莞日报社逐步开始了探索自主可控的新媒体平台建设实践。2013 年，报社先后投入 150 多万元及大量的人力和物力，推动东莞时间网的视音频应用平台建设。2013 年底，东莞时间网音频系统投入试运行。2014 年，报社上线了图片化的电子报，并为网络编辑建立起快速专题模板。一方面，大幅提升了《东莞日报》《东莞时报》的信息发布速度；另一方面，又极大地节省了编辑搭建专题的时间，为报社抢占时事热点的第一手报道提供了技术支撑。2015 年，东莞日报社正式实施新媒体领域"三个一"工程，由"一个内容数据库""一个用户数据库"及"一张会员卡"组成的战略布局初现雏形。以 CMSTOP 网站内容管理系统为平台的内容数据库，为东莞时间网 PC 端、WAP 端还有"i 东莞"客户端提供海量信息。微信 SCRM 社会化客户关系管理系统整体框架完成开发，CRM 客户管理系统完成前期采购。"大总莞"本土生活服务平台，即用户的电子会员卡完成开发，步入正常发展轨道。基于"三个一"工程，东莞日报社开始将自身新闻内容的生产与用户数据、生活服务联系起来。

2017 年起，报社新媒体发展中心开始以融媒体产品创作为工作导向，生产出了一系列刷屏东莞用户朋友圈的 H5 融媒体产品，以此在融媒体新闻生产方面作出了初步的探索与突破。其中包括在东莞荣膺全国文明城市"四连冠"当天推出的《我要上头条，贺四连冠》的H5产品，与市纪委合作的"2017年党风廉政知识问答"等产品，平均阅读量均超15万次，获得了极好的社会反响。2018年，报社进一步发力教育行业、政务服务、图文直播三大领域，转变传统的新闻产品生产思路，深入打造全新形态的融媒体新闻产品。在深耕教育行业开展融媒生产方面，报社先后推出了积分入学、高考志愿通、小升初学习等相关视频；在主动与局办联手打造新型政务融媒产品方面，报社主要与市纪委、市委宣传部、市城管局、市住建局、团市委、供电局等单位开展了"问答""竞答"类合作；在围绕热点新闻开展图文视频直播方面，报社主要围绕东莞国际马拉松赛、大学生篮球联赛、海丝博览会、漫博会、农博会、高考等热门事件，开展了多层次、多维度、实时的图文视频直播，多条直播点击量破5万次。2019年，报社新媒体发展中心全面升级全媒体采编系统3.0版本，手机投稿投图、图文混编等功能被添加进采编系统，全面提升了采编人员的工作效率。技术支撑进一步完善的背景下，报社全面开启了融合新闻生产创新开发工作，全年完成各类H5、专题、活动、投票等新形态项目50余个。

近年来，在建党一百周年、党的二十大召开等重大事件社会背景下，报社进一步创新融媒体产品形式，建立了24小时滚动发布重大信息机制，以视频工程、H5工程、漫画工程等为主要抓手，聚焦党和国家重大事件，创新宣传报道方式方法，进一步强化自身融合新闻生产工作，在全媒体环境下积极发挥主流媒体的舆论阵地作用。

2020年，报社推出短视频近1400条、创意H5 10余个、漫画及海报100多张。抖音平台发布的《东莞医护人员抢救新冠肺炎危重患者瞬间》《广东一男子确诊因为坐公交拉下口罩》短视频，播放量均突破 1 亿次；推出《猜防疫灯谜亮健康花灯》《最美逆行者》等 H5 产品，阅读量达数十万次；推出"疫情防控动漫""众志成城抗击疫情""社区防疫"等多个主题系列漫画公益海报。通过精心策划、多元传播、抓好典型、疏导舆情等方式，在疫情之下向市民普及了科学防疫知识，正确解读了市委、市政府的防控政策，及时粉碎了各类谣言，引导社会舆论积极正向发展。

2021 年，站在建党 100 周年历史关键节点上，报社紧紧围绕"建党一百周年""党史学习教育"等重大主题，在报纸端头版头条、二版等重要版面、重要位置，"i 东莞"首屏，东莞时间网首页，重点转载刊发习近平总书记重要讲话、重要指示精神和重要政务活动宣传报道；在学习强国平台发布稿件 1250 条，在人民号发布稿件 2500 条；推出《觉醒之门》微电影、无人机航拍《瞰东莞之变》、《建党 100 周年说唱 MV》《东莞百年沙画》《东莞百年百米长卷》《脊梁——东莞"两优一先"系列短视频》等创意产品，大力提升宣传质量。此外，还推出《为党庆生》创意 H5、《百年树人心向党》、主题党日百佳案例评选、《建党 100 周年——瞰东莞之变图片展》等融媒体特色新闻宣传产品。

2022 年，报社进一步围绕扎实做好党的二十大、文化强市等重大主题，推出创意海报 1000 多幅、微信长图 120 余件、条漫 50 多件、视频内容 4000 多条。并通过调整两报微信定位、将原本的"i 东莞"客户端全面优化升级为"东莞＋"客户端、持续提升"东视频"平台影响力、加速推进"东视觉"平台建设全面强化了自身在融合内容生产方面的能力和水平。并通过融媒体生态系统二期工程建设、指挥中心数据大屏的改版设计和开发，进一步提高媒体技术平台对采编业务的各项支撑。

2023 年，报社积极做好习近平新时代中国特色社会主义思想、党的二十大精神等重大主题宣传，精心开展政策宣传、成就宣传、典型宣传，唱响东莞经济光明论。坚持做好东莞城市形象塑造和推广大使，围绕"百千万工程"、制造业当家、文化强市开展报道，全年刊发稿件 6 万多件，讲好东莞故事，传播好东莞声音，提升东莞知名度和影响力。加快媒体融合，完成《东莞日报》第九次改版，加强"东莞＋"、东莞图库运营推广，完成融媒体生态系统三期和媒资管理系统一期建设。切实做好内容生产策划，完善内容生产机制，扩大优质内容产能。

图 7－1　2022 年 8 月 18 日，东报传媒东莞图库平台正式上线

二、融媒技术的日臻完善

（一）早期技术驱动下的媒体发展

东莞日报社历来重视先进技术对于媒体发展的重要作用。在传统媒体进入"告别铅与火，告别纸和笔"的时代，电脑室担负着推动报社向信息时代迈进的任务。早在 2005 年前，报社已先后引进了大四开精密照排系统、Microfek Ⅲ 彩色扫描仪、彩色排版系统、采编系统、资料管理系统、数码打样机等先进技术，使《东莞日报》完成了从黑白到彩色的转变，结束了手写采访稿件的历史。通过建立从报社到印刷厂的网络专线，联通了报社与印厂的网络，自此结束了人工接送印刷胶片的历史，提高了出报的效率。

（二）数字化、系统化的媒体转型

2005 年，报社信息技术部正式成立，信息化建设开始在组织架构上有了平台的支撑，通过建设数字化基础设施的方式，将东莞报业带入了新媒体发展的 Web 1.0 阶段。2006 年，报社引进了北大方正广告系统，结束了人手用纸笔登记广告业务、人工管理经营业务的历史，实现了广告业务系统化管理，为广告业务的大幅增加提供了技术支撑。2007 年，报社开始接入新华社卫星供稿系统。同年，报业大厦智能化系统、档案管理电子系统、财务管理系统也正式启用，开始实现了楼宇及设备的智能化管理，完成了报社档案管理和财务数据的数字化、系统化。2008—2009 年，报社部署完成了内部即时通信系统，上线运行了捷报 OA（后更名为三元路 8 号）平台，报社各业务系统开始集成一体，有效降低了内部沟通成本，全面提升了工作效率。

（三）移动互联传播的初步探索

2010 年起，报社全面开始了基于 Web 2.0 和移动互联网的新媒体技术平台建设。2010 年，《东莞日报》手机报正式接入了移动、电信、联通网络。2011 年，报社内部无线网络投入使用，实现了办公区域的全覆盖，并建成了多终端接入的、统一管理的移动办公网络，自主开发的东莞日报 ipad 版、东莞时报 ipad 版、看东莞 ipad 版客户端也开始上线运行。2012 年，东莞时间网全面系统化改版，除城市生活资讯服务更加凸显、新闻资讯更为丰富、视觉效果更为大气外，网站还推出了《时间问政》《今日视点》等频道和栏目，具有强互动性的、关注东莞发展的高水平头脑风暴交流平台得以建立。此外，报社网络安全建设工作也在这一阶段取得了初步成效。2012 年，新闻采编系统通过了国家信息安全等级保护评测，并取得了东莞市公安局颁发的"信息系统安全等级保护备案证明"。

（四）新媒体资源的联动与整合

此后，东莞日报进一步将自身焦点对准新媒体赛道，转移到发力媒体融合的发展方向上来。2013 年，东莞时间网与信息技术部合并成立新媒体发展中心，确立了移动互联网优先发展的重要战略，开始全方位整合报社新媒体资源。2014 年，报业旗下数字报开始改版为图片版本，不仅以原报原版的形式呈现东莞日报与东莞时报的主要内容，还尝试通过对东莞时间网相关频道的垂直化运营，在微博、微信账号矩阵的建设背景下，实现了报纸、PC 网站、手机网站、微博、微信的全媒体传播联动。2014 年底，"i 东莞"App 顺利上线测试，报社"报网端微"的传播格局初步建立。2016 年，报社全媒体共享稿库建成，首次实现了东莞报业所有稿件的统一采写与集中编审。2017 年，"i 东莞"App 迎来重大改版，先后推出 LBS 新闻、直播、视频报纸、小游戏服务、语音播报等诸多功能，在视觉界面、用户体验方面有了较大提升。

（五）全媒体生产传播体系的建立

2018年，东莞报业全媒体指挥中心建成，初步实现了全媒体分析、策划和调度功能。同年，新媒体数据中心机房投入使用，数据基础设施得以初步搭建。2019—2022年，依托融媒体指挥中心，报社不仅引入了数据抓取、移动直播、无人机采集、全景拍摄、3D、AR、VR、H5等先进技术，还建立了采编联动平台、融媒采编系统、客户端内容发布管理系统、热点发现及舆情监测系统、传播效率评估系统等，有效整合各种媒介资源和生产要素，全面优化了策、采、编、审、发各环节联动管理机制，将"一次采集、多种生成、多端发布、多元传播"落实到日常工作中。

图7-2　2023年12月23日，"东莞+"新闻客户端"YOU东莞"频道开展最美合照——东莞+幸福照相馆活动

此外，基于融媒体系统的技术底座，从内容、版式、技术、机制等方面将"i东莞"App升级更名为"东莞＋"App，成功上线了"东莞图库"平台，进一步完善了报社的全媒体生产与传播体系。

2023年，东报传媒更是在推动技术创新上取得重要成效。一是推进平台系统建设升级，完善技术设施设备，优化新闻生产条件和环境。二是强化人工智能、5G、大数据、云计算等创新技术在新闻采集、生产、分发、接收、反馈等环节的深度应用。三是开展市级融媒体中心规划论证，完成东莞报业融媒体生态系统三期建设，以及与百度文心一言的接口对接和落地应用。在此基础上，2023年东莞日报社智能媒体资源管理系统入选全国报业技术赋能融合优秀案例、并获得"王选新闻科学技术奖"（项目奖）年度三等奖。

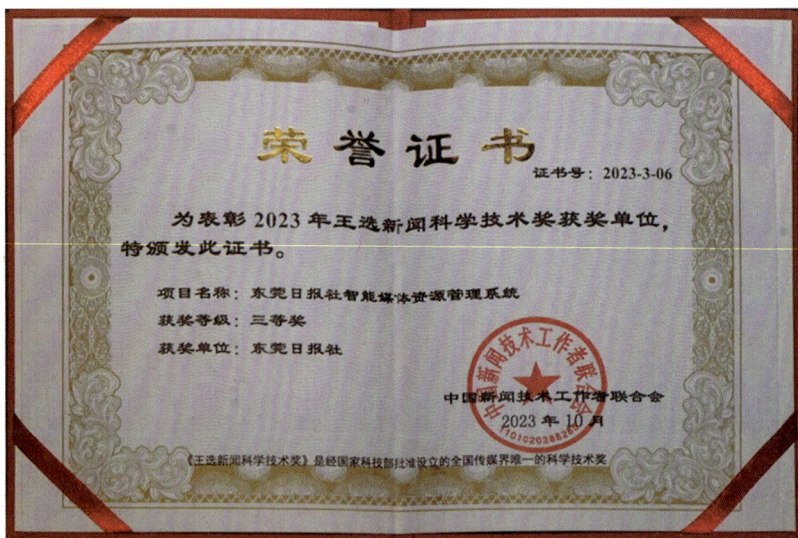

图7-3　东莞日报社智能媒体资源管理系统荣获2023年王选新闻科学技术奖三等奖

三、重大主题融媒报道的经验探索

自党的十九大以来，报社各部门通过加强"全媒体"统筹协调，坚持主题策划导向，不断强化采编部门员工的"全媒体"意识，推出了很多重大报道、新闻精品，有效提升了报纸旗下各分发渠道、传播平台、账号矩阵的传播力与影响力。

（一）实现全媒体重大主题策划的全面协同——2018 年

采编部门紧紧围绕东莞日报社"高质量发展"的各项工作部署，严把政治安全关，落实一岗双责，"改文风"促进"优化提升"，全力践行媒体融合战略，主要实现了全媒体重大主题策划的全面协同。

图 7 - 4　东报传媒国际传播融媒体矩阵（2024 年 4 月）

其中要闻编辑部以全媒体"中央厨房"采集、发布平台升级为契机，进一步理顺全媒体融合工作机制，加强全媒体中心指挥功能，严格贯彻"两小时发稿制"，提高反应力和执行力。从10月开始，白班编辑全媒体值班。全年围绕重大主题报道十余场，完成大小策划30余个，推出了一大批高质量的报道。共进行三次"一把手"访谈报道，分别是学习贯彻党的十九大精神、美丽乡村建设、学习习近平总书记视察广东重要讲话精神，总计专访局办一把手上百人次。此外，还通过与"i东莞"的协同联动，切实打好了防御"山竹"台风、百日攻坚大会战、港珠澳大桥正式开通、院士峰会、全市非公经济大会、漫博会、台博会等全媒体报道战役，并在本地重大时政报道发稿速度方面全面超越竞争对手。时事新闻部则相继完成了《美丽东莞　品质城市》、《植物园探秘系列》、治水攻坚战、蓝天保卫战、净土防御战等相关报道，配合完成《学习贯彻习近平总书记重要讲话精神一把手访谈》《图述莞——庆祝改革开放40周年》《改革开放微故事》等重大报道，日均向官微和"i东莞"客户端、东莞时间网提供稿件保持10条左右，成为集团新媒体战略的强力支撑。

（二）贯彻"移动优先"理念，做好重大主题报道——2019年

全媒体采编中心认真贯彻落实编委会工作部署，加强全媒体发稿能力。从5月开始试运行"移动优先"战略，实现了两报稿件"移动优先"发稿全覆盖。在实际工作中，狠抓发布时效、采编协同、"i东莞"联动，并通过重点选题制度，加强重点新闻的策划和提前沟通，重点选题责任到人，新闻发布时效明显提升。如时事新闻部和经济新闻部按照编委会的统一部署，做好了《打造粤港澳大湾区先进制造业中心全力建设　"湾区都市、品质东莞"》、《全国两会·聚焦东莞》、省委主要领导来莞调研、市委书记在京接受采访、全市投资促进交流会、产业招商会、全面加强执行力建设大会、粤港澳大湾区媒体峰会和东莞发展机遇论坛、争创双拥模范城"九连冠"等报道，同时策划推出了《湾区都市、品质东莞——聚焦六大工程》、"五一"劳模采访、《壮丽70年奋斗新时代——东莞发展成就》等系列报道。

其中中堂安全事故、虎门二桥亮灯、虎门二桥通车、莞番高速通车、水乡党工委及管委会挂牌成立、全市"洁净指数最低区域"首发、东莞住房公积金提取政策调整、《重磅！东莞拟新建扩建公办高中10所，增加学位2.5万个》、养犬管理条例、交通大会战、"湾区都市、品质东莞"价值投资分享交流会、莞事论坛等稿件，反应迅速，在同城媒体中最先发布，取得了良好的传播效果。国庆前夕，《全市地标集体亮灯表白：我爱你，中国！》在东莞日报微信公众号推送，收获超过10万阅读量；在东莞CBD招商推介会上，同城率先推出《重磅！东莞CBD启动全球招商，首批意向投资410亿元》，取得良好反响。做到了反应快、抓点准、内容新，增强了报道的服务性和可读性。

（三）在重大主题融媒报道中增强政治属性——2020年

东莞日报社充分整合旗下各子媒平台渠道，在"i东莞"客户端、东莞时间网平台共推出13个有关习近平总书记重要讲话精神、重要政务活动的专题，涵盖了习近平总书记出席相关会议活动、发表重要讲话、相关部署、地方考察、学习相关精神与相关文章、书籍（如《习近平谈治国理政》）、会见外国领导人或与外国领导人的重要谈话通话以及各种政务活动上的重要致辞、演讲等内容。全年"i东莞"累计发布相关稿件3684篇，总阅读量13430万，充分发挥了媒体融合优势，取得了良好的宣传效果，对营造学习宣传贯彻的浓厚氛围，促进把总书记重要讲话、重要指示精神学懂、弄通、做实发挥了良好的作用。围绕全面建成小康社会，编委会调集精兵强将，精心策划，开设《走向我们的小康生活》专版专栏，推出《我们的小康》《全面建成小康社会"百城千县万村调研行"·莞村小康路》等大型系列报道。聚焦"人民眼中的小康"，挖掘源自奋斗、点亮生活、温暖人心的小康故事；开设《决战决胜脱贫攻坚》专栏，推出《决战决胜脱贫攻坚——昭通大决战》系列报道；围绕市委、市政府中心工作，切实做好"湾区都市、品质东莞"建设主题宣传。并根据市委、市政府统一部署，按照疫情防控指挥部具体要求，及时发布疫情信息、解读政府政策、辟谣虚假信息、疏导公众情绪、正向引导舆论。

（四）强化重大主题报道中的融媒精品内容——2021 年

东莞日报社在强化重大主题报道中的融媒精品内容方面取得了较大的创新突破。一是敢为媒体先，拍摄献礼电影。为庆祝党的百年华诞，提前策划拍摄电影《觉醒之门》，并于 6 月 28 日如期上映，引发全城全网关注。首映仅仅 24 小时，在首发平台"东莞日报"视频号上的浏览量就超过 10 万，全网播放量逾 500 万。二是抓好建党百年主题，推出爆款视频。7 月 1 日当天推出《百年风华　东莞瞬间》创意视频。该视频播放量超 200 万，点赞量超 5 万，刷新视频号单条播放纪录，成为全城媒体的爆款视频。三是针对疫情防控，策划系列视频。在疫情防控报道中，相继推出《战疫党旗红》《疫起去战斗》《东莞彩虹》《静静守候最美东莞》等创意视频。其中《东莞医护人员雨中奔跑保护样本》全城首发，在抖音播放量约 3000 万、点赞近 100 万，登上抖音全国热点榜第 3 名。四是围绕热点节点，拍摄高质量视频。推出"新春走基层"专题，共计 7 条，全部登上学习强国全国平台，"守山大叔"视频被新华社客户端转发，播放量超 100 万，全网总播放量约 1000 万。

（五）创新重大主题宣传报道的融媒形态——2022 年

坚持以习近平新时代中国特色社会主义思想为指导，紧紧围绕中心、服务大局，抓好主责主业，践行职责使命，扎实做好了党的二十大、文化强市、疫情防控等重大主题宣传。围绕上述重大主题宣传共推出创意海报 1000 多幅、微信长图 120 余件、条漫 50 多件，共制作发布视频内容 4000 多条，总阅读量约为 13 亿，点赞量超 6000 万；1—10 月份共在学习强国平台发布稿件 1617 条，在人民号发布稿件 726 条；两篇作品获得广东省新闻战线"走基层、转作风、改文风"新闻奖；东视频项目获得 2021 年度全国地方党媒融合发展创新示范项目；全媒体名记者名编辑工作室项目获得 2021 年度全国地方党媒融合发展创新优秀项目；作品《马尚·布鲁克斯返粤治疗，宏远全队深情送别：我们是兄弟，为你赢下去！》获得中国篮协颁发的 2021 年度好新闻奖，成为唯一获奖地级市报媒；共推荐 230 余件优秀作品参评广东新闻奖等奖项，其中《东视频｜微纪录片〈守山大叔〉28 年如一日，只为青山》被推荐参评中国新闻奖典型报道项目。

（六）强化重大主题宣传内容的创新力度与传播力度——2023 年

坚持正确政治方向、舆论导向，坚持团结稳定鼓劲、正面宣传为主的方针，积极实施习近平新时代中国特色社会主义思想传播工程，扎实做好党的二十大精神、主题教育等重大主题宣传，共刊发或转载稿件 6 万多篇，相关报道得到了市高度肯定。做好城市形象塑造和推广大使，围绕文化强市、"科技创新＋先进制造"做好报道，讲好东莞故事，传播好东莞声音。抓好日常题材研判、策划和创作，推出更多有生气、接地气、冒热气的精品。学习强国东莞平台点击量超 10 万的爆款 280 条。全社 4000 多件作品被全国平台采用，多篇报道被《中国人大》《人民法院报》《中国民兵》《中国国防报》等国家级媒体转发，报送的视频《广东东莞：年味渐浓，一起热闹过大年！》被全国平台选用，总播放量达 285 万。共推荐 240 多件优秀作品参加全国、省、市各类新闻奖项评选，全年 144 件作品获奖，其中 6 件获得广东新闻奖、14 件获得中国地市报新闻奖、26 件获得城市党报新闻奖、69 件获得东莞新闻奖、1 件获得"第三只眼看中国·粤港澳大湾区"国际全媒体大赛优秀作品奖。

四、本土融媒新闻报道的发展创新

（一）对准基层，打造文风上乘的本土报道——2018 年

时事新闻部按照"推动优化提升，着力提高新闻报道质量水准"的要求，制定部门《改文风操作指引》，大力倡导"深入基层、采访扎实、内容生动"的报道，将镜头对准基层、对准一线，挖掘群众喜闻乐见的鲜活新闻，落实"焦点集中、见人见事、有延展性"的文风要求，并设立部门改文风奖，奖励每周在改文风方面做得比较好的优秀作品，推动报纸产品"优化提升"，采写了《打造彰显水乡特色的城市客厅》《跨越高墙的亲情连线》《家务调查员　帮断家务事》等一批文风上乘的报道。

镇区新闻部以镇街特色为魂，狠抓新闻点，采写的《镇街新图景》《临深协奏曲》《四代行医不辍　中医薪火相传》《万人空巷看巡游　品民俗　吃盆菜宴》《很多独居老人喊她"孙女"》《抢占技术研发高地实现新突破》等一批报道，有影响，有声势，收获了较高评价和较好影响力。

专刊新闻部推出多个有影响力的作品，如《绿色揭西　森呼吸》《濠江寻味》《地产大佬的 2018》《滨海湾新区　楼市新热点》《袖珍别墅风靡楼市》。并根据行业热点推出《央企是主力军　市场格局生变》《外来地产大鳄也开始抱团了》《乘地铁东风　楼市流行 TOD》等

内容，受到业内人士和消费者的普遍关注。其中《中心区写字楼租金稳健上涨》还受到东城街道的高度重视，看到本报报道后，其通过专刊新闻部联系专家，为东城党委、政府领导班子做市场报告。

体育部始终坚持以"丰富的地方特色、一流的专业水准"为指导思想，本地素材与专业竞技相结合，高标准完成了大联赛、CBA联赛、WCBA联赛、羽超联赛、世界杯、亚运会、省运会等多项国际国内重大赛事以及职业联赛的宣传报道。

（二）创新手段，丰富本土报道的呈现形式——2019年

镇区新闻部积极运用全媒体海报、视频等手段，做好镇委书记权威一把手访谈、《新乡村、新活力、新气象》、《乡"约"文明》等系列报道。制作的海报被部分镇党代会PPT引用，收获了良好的社会反响。

经济新闻部年初重新拟订微信公众号运营方案。明确专人专职、每周保证2~3条文章的发布；策划了新的栏目《一周东莞经济资讯》，还陆续增设了几个栏目，形成自己的品牌。当时，微信公众号发稿量增加，质量有所提升，平均阅读量在1000以上，原创文章超七成。其中《重磅！东莞将遴选打造100家创新型企业、500家瞪羚企业》在全网获得了较为不错的阅读与点赞量。

摄影部的"影像莞"，结合有关新闻事件进行推送，充分调动粉丝群吸收影友来稿，先后发布《滑翔机航拍！2003年的东莞原来是这样子》《此景已成追忆！虎门渡轮最后影像》《刚刚！一场摄影与古村落的"婚礼"在塘尾古村上演》《东莞城市影像快闪"记忆乡愁"首发》《这样的道滘，你有没有见过？》《从东莞的"西伯利亚"变身为荷花名镇，这里是桥头》《人人人，20亿像素记录东莞中心广场国庆之夜》等专题。其中《此景已成追忆！虎门渡轮最后影像》《东莞城

市影像快闪"记忆乡愁"首发》《这样的道滘，你有没有见过?》等微信公众号内容，获得过万的点击率。

城市生活部以"优质原创内容"为抓手，提升部门微信影响力，其中推文《旅客飞机上突发疾病，东莞张医生：我没带医师证，但我必须去看看!》受到社会广泛关注，被"莞香花开""文明东莞"等多个微信公众号、人民日报和新华社官微转发，阅读量突破 10 万；《东莞医生杨嘉生在等妻子下班空隙，出手救了一岁半男童》微信图文插播视频，被 CCTV 新闻频道报道后，展开了新闻追踪，其剪切视频在"东莞日报-i东莞"抖音号播出，播放量超过 2800 万次，点赞量超过 45 万。此外，利用重要节点和社会热点，拍摄小视频。"健康莞家"推出的《我们，是男护士》被本地和全国 8 个公众号转发，还被国家卫健委公众号"健康中国"转发，得到市卫生健康局的高度肯定；《戏精女护士》在东莞日报官方抖音号"东莞东莞"播放超过 48.2 万次，点赞超过 3000；短视频《东莞学子 高考加油》，邀请了东莞中学、东华中学等 5 个中学的校长为学子加油，引发社会的广泛关注和传播。

（三）视觉驱动，推动融媒报道的"出圈"传播——2020 年

1. 发力短视频创作领域

全年制作发布自采高品质视频近 1000 条，精品迭出，亮点纷呈。全市首创《东莞防疫 Disco》《复工防疫 Disco》MV，被国家应急管理部、广东发布、广东应急管理、新华社、人民日报、学习强国等微信公众号或客户端转发，获得《广东省新闻阅评》（38 期）点评肯定，全网播放量超过 2500 万次。围绕乡村振兴、脱贫攻坚、全面建成小康社会等题材，前往昭通、韶关、揭阳等地拍摄《扶贫印记》系列视频，共计 17 条；拍摄《向往的莞乡》《我们的小康生活》等专题视频近 20 条；两会期间，首次引进新华社会议报道机器人，快速推出短视

频报道逾 50 条；开设《镇能量》等视频栏目，制作精品短视频近 20 条，均被学习强国采用，多条被全国平台推荐。策划制作动漫短视频 30 多条，形成系列化风格，主要包括防疫专题系列、"大国点名，没你不行"主题系列、"扫黄打非"主题系列，以及"小 i 带你看东莞两会"系列等。

2. 发力本地化的视频直播

2020 年全年直播近 200 场。一是主动出击探索"媒体带货"，取得较好成效。市里启动"乐购东莞"促消费活动，东莞日报社第一时间成立工作组，紧扣"新希望、新消费、新生活"主题，精心策划"东莞日报助力东莞智造，品质带货主播邀你来"系列直播活动，积极联合市商务局、大岭山镇政府、黄江镇政府等，主动联手抖音、快手、爱逛等互联网直播平台，深入对接华为、格力等知名公司需求和资源，共举办 6 场直播带货专场活动，吸引近 120 万网民积极观看，带货金额 405 万元。二是创新两会直播方式，推出"云上会客厅"线上直播 3 期，观看人数逾 50 万；首次联合镇街推出融媒体产品《全城都在关注这场"直播带货"》，浏览人数达 10 万。

3. 发力"i 东莞"抖音号建设

当年总粉丝量突破 450 万，总点赞量突破 1 亿，创历史新高。其中《东莞医护人员抢救新冠肺炎危重患者瞬间》《广东一男子确诊只因这个大家常有的小动作》等 5 条短视频播放量突破 1 亿。"i 东莞"抖音号入选抖音平台 11 月份"城市媒体月度优质推荐案例"全国 TOP20，排名全国城市榜第 11 名。推出《共同战疫　东莞在行动》《美丽东莞》等合集，传播东莞好声音、讲述东莞好故事。

图7-5 "乐购东莞·多彩黄江"活动举行（2020年4月30日，郑琳东摄）

（四）培育品牌，打造具有东莞特色的融媒系列——2021年

1. 精益求精做好文化新闻

发力"旗峰雅韵""容庚系列""名人古村系列""东莞体育系列""容庚展"等本土新闻融媒报道；推出"容庚与东莞"策划，挖掘亮点，进行深度报道，共推出近40篇报道，很好地宣传了东莞的历史文脉。特别策划推出"同一座城、同一个家"有奖征文，反响踊跃，不到一个月收到投稿超过200篇，体裁丰富，质量良好。

图7-6　"容庚与东莞"大型系列展览活动（2021年8月5日）

2. "头雁"领航推动镇街新闻

在镇街新闻版块坚持主任带队精品采写、"每周一星"评选、月评好稿推荐目标制、全力支持好名记者名编辑工作室等做法，形成浓厚氛围，报道质量稳步提升。一是突出抓好深度报道和基层鲜活报道，全年推出深度报道15篇，涌现出《特别的房给特别的你》《在世界工厂种水稻》《扶贫干部收到一封感谢信》等质量上乘的报道。二是坚持每月推出一个自主策划报道，持续呈现有影响力的报道亮点。一年来推出了《两会权威访谈》《镇奋开局》《古村新韵》《亿军突起》《改革创新在基层》等十多个大型策划，越来越多报道被市委领导和镇街主要领导转发点赞。

3. 多点开花做好经济新闻

经济新闻报道策划先行，围绕省市中心工作推出专题策划超50个；长期推出《三人行》《深度》《新贵》等周刊栏目策划，亮点频出；开设《曹见》《院士咖啡》《区势》等新栏目；以新媒体直播＋投票等方式，创新优化行业监督类新闻报道，取得较好效果。

4. 打造品牌做好行业新闻

重点在行业新闻方面强力提升媒体融合能力，强化行业新闻部记者编辑的"全媒体"意识，全力创办《东莞时报》校园周刊，全新改版《教育周刊》，深度建设"教育学堂""健康莞家"等垂直账号。建设全省首创教育招生资讯服务平台"招招领先 东莞招考通"。在特定时间节点推出的新媒体产品，包括春节期间的拜年H5、九宫格作品，读书节的荐读H5，护士节的90后护士视频等，均获得了良好口碑。

（五）文化强市，助力"双万"城市的形象传播——2022年

1. 文化强市报道亮点纷呈

根据"七大文化"（历史文化、红色文化、改革开放文化、潮流文化、体育文化、莞邑文化、生态文化）主题宣传要求，注重融媒操作，推出相关报道。

重视讲好东莞生态文明故事，深入大岭山森林公园拍摄生物多样性微纪录片《飞火流萤》，以及策划拍摄《环保队长》《花漾东莞》《花秘密》《紫此青绿》《我在藏茶之都种茶》等创意视频。

尝试讲好潮流之都故事，拍摄"潮玩"系列专题视频5条，在全市率先拍摄《一墩难求！揭秘冰墩墩的东莞生产故事》视频。拍摄"火柴盒""露营季"等主题视频15条，视频号播放量达20万。

着力讲好传统文化故事，策划拍摄"虎年七天乐"系列视频7条，新春假期天天送祝福。创意拍摄《江湖山海》非遗全市宣传片，微记录拍摄人物"非遗绣娘""非遗当潮""洞箫制作师"等。其中

《文化强市"镇能量"》深度报道获得市委领导高度肯定，获报社总编辑奖。

2. 助力东莞城市形象传播

东莞新晋"双万城市"之际，采编部门立即制作微信 SVG 点亮图片形式推文《正式官宣！一起点亮我们的双万东莞!》，制作条漫产品《三分钟，了解东莞"亿"点点"发家"史!》、视频《官宣！"双万"东莞丨因为有你，千万东莞人，所以有全国第 15 个"双万"城市!》等，总阅读量超 20 万。

浓墨重彩地做好 2022 东莞全球招商大会、2022 世界莞商大会等报道，两场大会向人民号、新华网、学习强国等"国字号"平台输出新闻精品，其中 20 条高质量报道获得学习强国转载。

策划拍摄"四个之城"创意专题片，其中《我在青春之城等你》在东莞入选全国青年型发展城市节点发布，刷屏东莞，被全市政务平台统一推广；联合市文明办策划制作创意 MV《谁愿她沾染尘埃》，2月 19 日发布后，火遍东莞全网，点赞好评如潮，全网播放量达 500 万，获得市委宣传部的高度赞扬；东莞日报抖音号打造《2022 东莞正能量》专栏，84 条新闻视频传播东莞大爱，42 条视频突破百万播放。

精心策划《"时代风尚"——学雷锋中国文艺志愿者先锋队走进大国重器》文艺演出，重点做好"当艺术遇到科学"5 场湖畔对话，有力传播了东莞科创城市形象。

图 7 - 7　2022 年相关报道版面

（六）聚焦发展，立体报道东莞城市的多维形象——2023 年

1. 扎实做好东莞高质量发展报道

围绕全省高质量发展大会、全市制造业高质量发展大会报道，推出《广东，锚定高质量发展！》《强信心　抓落实》《聚焦东莞高质量发展》等专题专栏，生动展现了全市振奋干事创业的精气神，助力东

莞在全省全国发展大局中展现新担当、作出新贡献；推出《百千万工程》专栏，解读东莞落实"百千万工程"实施方案，为东莞举全市之力实施"百千万工程"营造良好的舆论氛围；推出"高质量发展调研行"报道，从对外开放、新动能、转型升级、科技创新等 4 个维度聚焦东莞高质量发展路径；开设《聚焦东莞民营企业家日》专栏，解码东莞民营经济如何从无到有、从有到优、日新月异、势如破竹的发展历程。

图 7-8　东报传媒"湖畔对话"系列访谈节目

此外，还策划推出"制造业高质量发展一线见闻""探秘东莞制造宝藏工厂""聚焦松山湖科学会议""聚焦华为开发者大会""金秋进莞来""打卡东莞夜经济""聚焦东莞新能源""一带一路的东莞实践""民营经济 31 条"等系列深度报道。策划举办 2023 东报传媒"湖畔对话"活动，生动展现东莞上下全力拼经济的生动场面，为东莞高质量发展营造了浓厚氛围。

2. 进一步推动文化强市宣传报道

将"旗峰雅韵"版更名为"文化强市·领潮",开设《潮见》《潮说》《潮评》《潮莞荟》等子栏目;"旗峰山下"版更名为《文化·城蕴》,开设《读城》《莞香园》《百花苑》等子栏目,对外展示"双万"东莞潮流、时尚、活力新形象。全方位报道2023年"文化和自然遗产日"广东主会场(东莞)暨粤港澳大湾区(广东)龙舟邀请赛,宣传有声有色、出新出彩,在全国乃至海外引发一波龙舟文化热潮。策划推出了系列聚焦潮流文化的报道,全面、立体展示"潮流东莞"新形象。精心策划"潮流东莞半年观察",从"潮文旅""潮生活""潮'企'来""潮形象""潮未来"五个维度,全面系统报道文化强市之"潮流东莞"建设的新成就、新面貌、新气象,让外界更加了解"潮"好玩、"潮"炫酷、"潮"有范的"潮流东莞",各个策划系列报道广受好评。精心策划推出《东莞美术馆联盟·活动》《东莞美术馆联盟·探馆》《东莞美术馆联盟·馆长说》《东莞美术馆联盟·深度》等栏目,持续关注"美术馆之夜""当代艺术季""岭南文化季"等品牌活动,并在"东莞+"开设"育美东莞"专题,有力提升东莞美术馆联盟的知名度、美誉度。全媒体发布文化强市相关文图、视频、海报等稿件1365条,总阅读量超525万。

3. 强化文明城市创建宣传

推出《文明城市 美好家园》专栏,加大篇幅、加大频率,大力报道东莞坚持常态化、全域化创建,推动文明城市创建工作不断取得新成效,增强市民幸福感、获得感。常年设定固定专栏《文明创建在路上 榜样的力量》,讲述"广东好人""东莞好人""文明家庭"、志愿者、交警、环卫工人等群体的文明故事,传递文明力量。开设

《公约热词看文明》专栏，解读"公约热词"背后的城市善意和温情，展现东莞打造文明和谐、平安有序、健康有益的城市租住文明。做好《东莞市文明行为促进条例》宣传，使文明行为促进工作制度化、常态化、规范化和法治化；推出评论《共筑中国式现代化东莞实践的文明根基》。大力报道 2023 年"6·30"助力乡村振兴暨东莞慈善日活动，展现东莞社会各界发扬乐善好施的优良传统，助力乡村振兴。全媒体平台共发布相关文图、视频、海报、H5 等稿件 959 条，总阅读量超 465 万。

● 本章小结

近年来，东莞日报社坚持以融合传播构建全媒体格局，不断创新创作和传播手段，跳出传统单一的图文报道模式，积极开拓音视频、长图文、H5、直播等深度浸入式的融媒产品，让宣传报道表现形式更加丰富多元，传播覆盖更加广泛深远。总结来看，东莞日报在融合新闻生产方面的成功经验，主要体现在突出主题主线、做强主流平台、抓好精品创作、拓展传播渠道、强化技术创新五个方面。

（一）突出新闻宣传的主题主线

1. 聚焦重大主题，展现东莞实践

突出抓好党的二十大重大主题宣传，精心做好全年报道规划，将迎接党的二十大胜利召开、学习贯彻党的二十大精神专题报道与宣传"双万"东莞发展新战略、城市新形象结合起来，深入报道东莞学习贯彻习近平新时代中国特色社会主义思想、贯彻落实省委"1+1+9"工作部署的生动实践，全面展示东莞迈入"双万"新赛道、加快高质量发展的新思路、新举措、新成效。

2. 围绕中心大局，营造良好氛围

围绕"双聚焦""双实现"，持续掀起全市上下贯彻落实省第十三次党代会、市第十五次党代会精神的宣传热潮。围绕"双统筹""稳增长"，为东莞奋力实现"双胜利"营造良好的舆论氛围和提供强大精神力量。围绕文化强市建设，以东莞市城市文化研究中心落户东莞报业为契机，深挖城市文化内涵，全方位、多角度宣传"七大文化""四张城市文化名片"，为"双万"城市擦亮文化底色。

3. 抓牢意识形态，强化思想引领

层层压实意识形态工作责任制，毫不松懈抓好采编流程把关、网络安全防范，坚决守好意识形态安全"南大门"。加强与市委党校、市社科联合作，结合实际、创新形式开展党的创新理论宣传，推动习近平新时代中国特色社会主义思想在东莞落地生根、结出丰硕成果。

（二）强化本土主流舆论的阵地平台

1. 强化党报品牌

坚持政治家办报，推动《东莞日报》优化升级，围绕凸显党报的权威性、思想性，着力推进内容呈现的深度化、精品化，用心打造名版面、名专栏，准确传播党的政策主张，有力引领广大群众，充分发挥舆论"定盘星""压舱石"的作用，弘扬主旋律，传播正能量，牢牢确立团结稳定鼓劲、正面宣传为主的重要方针。加快《东莞时报》转型，深耕教育垂直领域，努力打造成为全市百万少年儿童爱读爱看的课外读物、思政教材，成为习近平新时代中国特色社会主义思想、社会主义核心价值观进校园、进课堂的重要载体。

2. 打造一流党端

以"i东莞"客户端改名"东莞+"为契机，深入推进"东莞+"的改革、改制、改版工作，对标对表先进，着力打造一流党端，力争下载量实现千万级增长。开设"科创＋""You 东莞""莞深联动"等频道，充分发挥"东莞＋"在融媒体矩阵的主导作用，全方位整合、融汇各方资源，带动传播内容供给侧改革、传播产品形态创新、传播渠道深度拓展，全力打造成为东莞权威资讯发布、城市形象传播的主平台。

图 7 - 9　2024 年 6 月 1 日，东报传媒"东莞＋"客户端功能焕新

3. 建设传播高地

在东莞市委宣传部指导下，加快学习强国东莞学习平台建设，加强平台规划、选题策划、资源整合和运营推广，努力打造广大干部群众理论学习的重要阵地、展示东莞形象的重要窗口，让更多东莞好新闻、正能量走向国家级平台，实现更高层面传播。

（三）抓好展现城市亮点的精品创作

1. 健全采编统筹机制

图7-10　东报传媒名记者名编辑工作室海报

完善内部采编指挥、协同机制，提高反应速度和执行力度。围绕服务市委、市政府中心工作与东莞城市形象传播，加强日常选题策划，建立"编委会、部门、记者编辑"三级策划机制，完善策划会、采前会、编前会制度，全面压实责任、调动积极性。深度融合采编力量，推动名记者名编辑工作室扩容增效，实现精品策划日常化、亮点报道常态化。

2. 完善精品激励机制

全面对标国家级、省级、市级新闻奖项要求，进一步深化名栏目、名版面、名频道建设，推出更多有利于提高东莞知名度、美誉度的重磅策划、爆款产品，实现品牌化、现象级传播。完善新闻评奖机制、作品考核机制，进一步推动采编资源向原创产品、创意产品、新媒体产品倾斜，引导采编队伍增强精品意识，创造更多高品质、有深度、有创意的内容产品，争取新闻作品获奖质量和数量继续排在全国地级市党报前列。

3. 夯实融媒技术支撑

制订信息技术发展规划，推进融媒体生态平台升级，加快东莞图库建设，规划建设可视化生产平台，为创新新闻表现形态、传播形式夯实技术支撑。全面应用5G、大数据、VR、3D等新技术，充分适应移动端特性、年轻受众特点，完善海报、条漫、视频、H5等融媒体产品的生产链条，推出更多刷屏热传的精品佳作。

（四）构建拓展融媒生产的传播矩阵

1. 一体联动，提高传播速度

完善全媒体指挥、生产与传播体系，优化"一次采集、多种生成、多端发布、多元传播"工作流程，提高融媒矩阵响应速度，实现"报网端微屏"一体化、全时效传播。

2. 内外联动，延伸传播广度

加强与人民日报、新华社、央视等高层次平台深度联动，加强与抖音、B站、喜马拉雅等高流量平台合作共建。全面总结赣深高铁五城党媒联动传播城市形象经验，加强与湾区城市互动合作。与深圳报业集团共建"莞深联动"频道,在活动策划、联合采访、联动直播等方面加强合作交流互动,创新与市外主流媒体合作机制,整合各方力量,不断扩大东莞朋友圈,讲好中国故事、湾区故事、广东故事的东莞篇章,进一步推动跨区域传播,形成更大影响力。

3. 上下联动,拓展传播深度

积极融入全市大宣传体系,以"东莞融媒集群"为纽带,加强与市委宣传部、市直机关、镇街对接,提高联动传播、二次传播效果。深化与镇街、市直机关合作,推动共办媒体、共建频道、共建平台、共建融媒体中心。通过渠道融合,实现优势互补、平台互通,全力构建"横向到边、纵向到底""上接天线、下接地气"的传播新格局,让东莞好故事、好声音传得更广、更深、更远,推动东莞城市形象深入人心。

(五) 强化融媒技术的创新升级

精准引入便捷生产、一键分发、智能审校、传播监测、数据应用等先进技术,优化融媒体生态平台技术底座。积极探索 AI、5G、区块链等前沿技术落地应用,全面提高优质内容的生产效率和传播实效。并在原有"报网端微屏"基础上,按照"两增两减一平台"思路,优化全媒体矩阵,创新发展新兴媒体平台,自主可控平台更名为"东莞+",建成全市首个市镇共建融媒体中心以及东莞图库,东视频成为2021年度全国地方党媒融合发展创新示范项目。积极拓展第三方平台,学习强国东莞学习平台在报社上线。整合优化了全媒体资源,消除了盲目建设、重复建设的弊端,实现了优质融媒内容的高效传播。

▶第八章
东报传媒的多元媒介经营研究

2010 年，以东莞日报社为主体组建的东莞报业传媒集团挂牌成立。一直以来，集团加强经营工作管理，不断规范经营行为，严格遵守法律法规和有关规定，严格实行采编经营"两分开"，明确采编和经营工作的职能职责，压实合法经营责任。2020—2023 年，集团总收入分别约为 2.42 亿、2.93 亿、3.1 亿、3.28 亿元，同比涨幅分别为 9.21%、21%、6.1%、5.6%，连续多年实现逆势增长。

到 2023 年底，东报传媒有全媒体经营、万家通发行、东报印务、多维新媒体广告、文化传播、文化创意、舆情与智库研究院（编辑出版）、报天下培训、新媒体代运营、东视频事业部等 11 家经营公司，形成了以广告营销、品牌策划、文化活动、文体旅游、会务会展、舆情服务、智库咨询、教育培训、视频制作、平面设计、图片版权服务、报刊印刷发行等为核心业态的新型文创产业生态体系，服务对象涵盖政府机关、事业单位、社会团体、房地产、教育健康等多个领域。集团总资产超 10 亿元，年收入超 3 亿元，是更具实力和规模的国有文化企业，其品牌价值和市场竞争力一直稳居全国地市级党报集团第一方阵。

本章主要围绕近年来东报传媒多元经营部门的发展演进，分析其全媒体经营、报业文化传播、舆情与智库研究、编辑出版、印刷发行、新媒体代运营、教育培训等多元经营业务，介绍东莞日报在相关产业的耕耘历程、经济与社会效益，总结市级媒体融合过程中通过服务本地来实现创收增收的先进经验。

一、新媒体浪潮下的报业寒冬与艰难生存

自21世纪初开始，"报业寒冬论"在新媒体发展的趋势下一度在世界范围内越演越烈。2012年，世界报业和新闻出版协会（WAN-IFRA）调查结果显示，全球报纸发行量同比减少0.9%、比2008年减少2.2%，全球纸媒广告收入同比减少2%、比2008年减少22%。环球同此凉热，我国也不例外。

2013年5月发布的《传媒蓝皮书·中国传媒发展报告》显示，2012年我国报纸广告刊例价下降7.5%，创下了广告恢复30多年来的最大降幅。在市场形势和政策环境发生较大变化的情况下，东莞日报的经营发展也开始受到影响。2013年，东莞报业传媒集团全年广告收入1.28亿元，同比增长9.1%，以广告、发行、印刷为主的经营总收入共1.83亿元，同比减少8.5%。

在认清传统纸媒广告下行拐点不可逆转的客观情形下，一方面，集团对处于亏损状态、盈利前景不明、继续经营意义不大的下属公司进行了关停和歇业；另一方面，还积极提出了"做强主业，拓展新领域"的经营思路。为落实这一思路，集团首先举全社之力，先后成功举办"汽车博览会""2013年东莞市企业家活动日暨2012年度东莞市优秀企业、优秀企业家颁奖典礼"等重大经营活动，圆满完成《东莞

日报》社庆特刊、《东莞时报》创刊特刊出版任务。集团各经营公司和子媒进一步优化整合了既有品牌营销活动，先后策划组织购车节、"3·15"诚信服务品牌评选、读者植树节、高校招生咨询会、青少年书画大赛、少儿汽车模特大赛、青少年钢琴公开赛、标志楼盘评选、"平安回家"、"封面宝贝"、风筝节、"社区行"、"发现东莞"等品牌活动。在集团全体员工多方努力下，通过积极利用媒体平台优势、开展创意策划、举办营销活动等形式，《东莞日报》广告市场份额在同城媒体中排行第一，《东莞时报》广告收入同比增长5%，在新媒体浪潮席卷下的报业寒冬中并没有倒下，反而立稳了脚跟。

　　然而，2014年，东莞日报社的经营遭遇了前所未有的困难。面对传统媒体经营下行压力剧增、平面媒体广告日渐式微的形势，东莞日报社着力将传统的报业结构逐渐调整为符合未来媒体生态、社会生态的新的媒体产业结构。一方面，东莞日报社牢记党报职责，认真履行社会责任，积极发布公益广告，发布平面媒体公益广告、网络公益广告、杂志公益广告、阅报栏公益广告和宣传短片等合计版面刊例价值超3500万元。另一方面，报社积极开发新媒体、物流、户外广告等业务，大胆尝试全媒体传播和营销，通过移动新媒体线上平台和线下活动策划，成功举办"清溪赏花节"等200余场营销活动。利用报刊发行网络优势，投入资金搭建了物流平台，开展物流快递业务。积极参与户外广告业务，通过竞标拍卖，获得东江大道2块广告牌及东莞大道地下人行通道30个灯箱5年的广告经营权，全年新增党报阅报栏近100个。是年，东莞报业传媒集团全年广告收入1.06亿元，同比减少13.8%；经营总收入2.30亿元，同比增长0.8%。尽管广告方面的经营收入有所下降，但报社还是努力通过发行和其他多种经营支撑住了经营大局。因而在实现收支平衡，并略有盈余的情形下，还荣获了广东省首批"数字出版转型示范单位""2013—2014 中国报刊广告投放价值排行榜全国城市日报十强""中国地市报经营管理十强""中国报业户外 20 强"等称号。

二、发力品牌营销服务，建立全媒体经营中心

2015 年，东莞日报广告公司面对市场普遍不景气的困境，加强创新力度，以品牌营销创新巩固市场份额，全年策划执行 36 场大型活动。在与同城媒体白热化的竞争中，《东莞日报》在东莞报媒广告市场中的占有率超过 55%，位居同城平面媒体第一，并继续入围"2014—2015 中国报刊广告投放价值排行榜全国城市日报十强"。紧紧锁定"政府资源""政务服务"，有针对性地加以开拓、深挖，并取得了一定的效果。当年 1—11 月，机关团体类广告总应收金额 1726 万元，同比增长 24%。其中《东莞日报》与市政务服务管理办公室共同编辑出版的政务公布版，2015 年前 11 个月实现应收金额 315 万元，同比增长 15%，全年应收款约 350 万元。采取多项措施对历年欠款进行催收，广告公司回款率超过 90%。

2016 年 4 月，集团全媒体经营中心成立，集团经营活动初步实现立体化格局。全媒体经营中心的成立，不仅解决了原来子公司之间信息闭塞、压价竞争、配合失灵等问题，还格外注重加强活动策划创新力度，尤其强调以客户需求为中心、以全媒体联动为突破，综合应用新媒体，实现社会效益与经济效益双丰收。以举办"30 年，东莞骄傲——三十家东莞标志企业评选"活动为例，该活动是年为报社直接创造广告收益超过 140 万元，直接而有效地提升报业品牌影响力。此外，全媒体经营中心还通过积极主动谋划、规划战略项目两方面的手

段为报社增收创收。在积极主动谋划、抢占新闻舆论新阵地方面，是年，报社成功出版地铁周刊，新增党报阅报栏 59 个，总数量达 483 个，在开辟阵地的同时也为报社的经营开创了空间。而在规划战略项目、提高报业品牌影响力方面，报社则主动谋求创新突破，围绕教育、体育等战略性、前瞻性领域布局新型项目，且实现了社会效益与经济效益的双赢。当年 5 月牵头东莞七家高校，发起首届东莞大学生篮球联赛，通过资源整合搭起东莞篮球的最后一块拼图。2016 年 6 月，首次独家主办高校招生咨询暨出国留学供需见面会，吸引中山大学等 40 余家高校和近万名考生及家长到场。2016 年，报社基本实现了止跌企稳的预设目标。

三、深耕垂直领域业务，探索融媒经营模式

2017 年起，受市场大环境影响，报社经营面临严峻挑战，开始尝试经营新模式，重新启用报业文化传播有限公司，整合教育、健康项目与资源，策划推出高考招生咨询会、少年钢琴赛、教育总评榜等系列活动，并探索采编部门与经营部门相互配合的营销新思维。是年，报社先后成功举办东莞龙舟锦标赛、第二届创业女神评选活动、第二届大学生篮球联赛等活动。品牌推广部与市委老干局合作，策划拍摄"我为祖国唱首歌"快闪短视频，视频受到多家媒体推送，发布当天点击阅读量超过 70 万；新媒体发展中心为第三届农博会策划制作以微视频为表现形式的创意微信宣传广告，阅读量超过 15 万；新建阅报栏100 个，实现阅报栏覆盖全市 28 个镇街。此外，全媒体经营中心广告平台（即全媒体运营管理系统）也于 2017 年开始上线使用，实现报社报纸、户外、网站、新媒体等广告发布的流程再造、融合互通、统一

管理、实时监控。

2018 年后，东莞报业持续深耕垂直领域广告营销业务，努力发挥自身媒体资源优势与渠道优势，在民生服务、城市服务的融媒经营模式方面作出了重要的探索。是年 3 月，改造升级后的东莞日报广告平台上线使用，大幅提升市民办理分类广告便利度。在教育、健康领域方面，经营部门建立了教育健康联席会议制度，持续扩大在教育、健康领域的行业影响力；推陈出新，探索"固定课堂 + 移动课堂"相结合的小记者俱乐部课程模式；与虎门镇政府合作，高水平完成为期两周的"知行虎门"青少年夏令营活动；开展首届医师节、最美开学季、高招会、亲子徒步等系列活动；与深圳"健康 160"合作推出"移动互联网 + 媒体 + 医疗服务"平台，上线东莞医院挂号服务，有效传播东莞报业在行业内的品牌价值。

此外，还通过与市食药监局联合主办"一起查餐厅"活动、顺势主导推动成立东莞市餐饮发展促进会、为市民政局策划"慈善 + 艺术"慈善日宣传方案、与市委老干局实现系列新媒体合作等，克服种种不利条件，创新营销方式，提升营销能力，力求实现年初制定的"双反弹"目标。截至 2018 年 12 月底，报社不仅超额完成了全年收入目标，还逆转了报业经营收入下行的颓势。

2019 年，东莞日报社经营活动策划推陈出新，组织开展超过 114 场品牌营销活动，成绩显著。户外媒体主动尝新，获国贸中心 2 块大屏、地下车库 150 个灯箱等重要广告资源 3 年的广告经营权，打造"东莞屏王"；阅报栏镇街扩张布局加快。新平台起步迅速，"东莞好教育"平台入驻教育培训机构超过 300 家，用户数增加至 5000 个；"东莞报业品牌研究中心"成立，以"媒体 + 智库"方式整合全市资源。传统品牌项目务实增效，"东莞报业小记者"在全市中小学建立

11 个小记者站，招收 500 多名校园小记者；"平安回家"、高招会等项目有效收入同比均实现增长。在第十二届中国传媒经营大会发布的"2018—2019 中国传媒经营价值百强榜"中，《东莞日报》获城市日报二十强第二名。

图 8-1　"知行虎门"青少年夏令营闭营仪式（2018 年 7 月 13 日，郑家雄摄）

2020 年起，东莞报业开启经营新模式，确立了全社动员、全员动手、全情投入、全力以赴、全员营销、全程营销、全案营销、全媒营销、全域推进、全面出击的"十全"发展理念。一方面，全媒体经营中心各部门与黄江、桥头、横沥、虎门、大岭山、石碣、东坑多个镇街合作"促消费"、乡村振兴、文明实践、文化节庆等活动项目，创收超过 600 万元，项目合作镇街数量同比增长 3 倍，收入同比增长 6 倍。与中堂、长安等 21 个镇街（园区）签署了年度合作协议，与中堂、莞城、厚街、石碣等 10 多个镇街确定媒体合作项目，签约金额超过 1500 万元。通过创新思路做大策划，深度服务做大项目，集团全年与 19 个镇街、17 个市直单位签订年度合作协议,总额约为 3200 万元。具体策划执行了市应急管理局"应急 365"、市委政法委"反邪教及智网工程"宣传、市总工会"粤工惠"、市人力资源和社会保障局线上"校企对接会"、市文化馆"非遗"系列宣传以及黄江"乐购促消费"、桥头荷花节、横沥斗牛大会、虎门文明实践宣讲、东城文明实践中心建设等 10 多个百万级的项目,合作类型从原有的专版宣传,扩展到主题宣传活动策划、App 代运营、节庆活动执行、线上系列直播、文明实践中心策展、全域文化品牌策划等多个类型,集团全方位政务服务能力得到进一步展现,合作广度、深度得以扩展。

图 8-2　2021 年 6 月东报传媒微电影《觉醒之门》海报

2021—2022 年，东报传媒发展势头更为稳健。2021 年，报社逐步理顺了经营公司组织架构，建立完善了一批经营管理制度，拓展了一些创新业务项目，有计划盘活资源资产，强化了企业的经营管理和成本控制，全面深耕基层、拓展资源、拉动经营，扎实推进减员增效、开源节流、增收节支工作，取得显著成效。全年实现经营总收入 2.93 亿元，比上年增加 5090 万元，增长约 21%，总收入再创新高。2022 年，报社更是通过新设立新媒体代运营事业部、培训事业部开拓相关领域业务，立足产业多元发展，助推报业转型升级，实现经营收入首次突破 3 亿元大关，同比增长 6.1%，连续三年实现逆势增长。

2023 年，东报传媒按照打造国有文化龙头企业的发展要求，明确了做"媒体运营专业服务商""城市文化综合供应商"的发展定位，充分发挥媒体的优势，围绕文化强市建设，做好经营文章。媒体运营业务蒸蒸日上，代运营市、镇各种媒体 50 多个，既保证了质量又确保了安全，实现了社会效益和经济效益双丰收。

图 8－3　第八届东莞市民摄影周暨影像莞之夜（陈栋摄）

通过深度参与城市文化运营，东报传媒提供更为专业的服务，成功承办了粤港澳大湾区（广东）龙舟邀请赛、海外华文传媒合作组织年会、东莞市民摄影周、长安镇生态文化活动周等文化品牌活动，"媒体＋政务服务商务""文化＋传播"发展模式日趋成熟定型，既确保了文化活动出新出彩，又实现了文化传播出圈出海，更好地塑造与推广了东莞城市形象，促进了文化强市建设。2023年集团总收入达3.28亿元，同比增长约5.6%，东报传媒的媒体传播力、品牌影响力、市场竞争力、综合实力持续稳居全国城市党媒10强之列。

图8-4 "非遗潮未来·龙腾大湾区"2023年"文化和自然遗产日"广东主会场（东莞）暨粤港澳大湾区（广东）龙舟邀请赛活动现场（2023年6月10日，东报传媒资料图）

四、转型发展创新探索，四大特色融媒业务

（一）新媒体代运营业务

在全媒体不断发展的趋势下，全程媒体、全息媒体、全员媒体、全效媒体纷纷出现，原本的舆论格局、媒体格局、传播方式都发生了深刻的变化，传统新闻舆论工作与报业经营发展均面临了巨大的危机与挑战。2015年，东莞日报社以代运营市委组织部的"严实管家"微信公众号为契机，分别代运营了人才办的"智汇东莞"、东莞市教育局的"东莞慧教育"两大政务服务微信公众号，同时也开始代运营东莞市文明办的"东莞文明网"，是国内较早运用媒体把关专业优势开创新媒体代运营业务的地市级主流媒体。2016年，东莞报业代运营业务快速发展，截至当年底，共托管10个项目，年实收达118.2万元，成为经营模式转型的有效探索。发展到2018年，东莞报业在微信代运营方面取得了新成绩。是年，东莞报业新增滨海湾新区官微、市公安局、市交通局、市城管局、市公证处等代运营微信公众号5个，报社代运营微信公众号总数达11个，成为报社微信矩阵有益补充和新媒体运营重要阵地。2019—2023年，对各局办、镇街微信公众号代运营业务进一步打开了局面。

相较于政务机构、企业新媒体的自运营，东莞日报新媒体代运营业务的立足优势主要体现在专业性与安全性两个方面。首先，在新媒体代运营的专业性方面，东莞日报新媒体代运营团队具有采编专业素质高、安全把关能力强的媒体优势。在长年的工作中，东莞日报新媒体代运营团队积累起了对政务新媒体的搭建、运营、推广和考核的经验，可以从选题策划、稿件组织到融媒编辑、视觉设计全流程环境提

供全方位服务。其次，在新媒体号代运营的安全性方面，东莞日报新媒体代运营团队在代运营的全流程中，严格贯彻了主流媒体机构对新闻的编辑、审校、发布的"三审三校"原则，能够确保政府机关单位、企业新媒体账号所发布的相关内容具有正确的政治方向和舆论导向，能够铸牢其信息发布的安全防护墙。

截至2023年，报社已经构建起了"一站式"的政务全媒体生态服务链，共为全市50多家机关单位、企业提供微信公众号、网站、抖音号、视频号等代运营服务，通过提供创意长图、H5、宣传片、活动策划等融媒全案营销与运营服务，目前东莞日报新媒体代运营业务服务的粉丝总数已经超过了2000万，以专业、优质、可靠、高效的服务赢得了较好的口碑。其中代运营的"严实莞家"微信公众号平均阅读量进入全国同类政务号前十，"粤工惠"App荣获"网聚职工正能量争做中国好网民"全国奖等8个奖项，"东莞市卫生健康局"等微信公众号屡获肯定。

（二）舆情与智库业务

东莞报业舆情与智库研究院是东莞本土第一个从媒体视觉致力于打造专注"舆情监控处置"的复合型智库。自2020年成立以来，东莞报业舆情与智库研究院通过发挥主流媒体和链接广泛优势，赋能城市发展，开创了融媒传播与智库建设的融合新模式。目前，研究院通过整合"专家学者＋媒体记者"资源，与人民网舆情数据中心建立战略合作伙伴关系。成立以来，主要承担及参与了多项市委、市政府及相关部门的专项调研、政策评估或课题研究：东莞"工改工"百家企业大调研、东莞强链补链对策研究、东莞民营经济人士思想状况调研等等。其中，《突破"卡脖子"关键技术，增强东莞竞争力研究》被评为2021年东莞市哲学社会科学规划优秀课题。

2022 年，在东莞报业舆情与智库研究院的基础上，围绕东莞文化强市建设大局，在东莞市委宣传部的直接领导下，由东莞市文化广电旅游体育局联合东莞日报社，成立东莞市城市文化研究中心。据东莞市城市文化研究中心负责人介绍，研究中心主要围绕东莞市文化强市建设大局，以城市文化为研究对象，整合政、媒、商、产、学等资源，开展基础研究、比较研究、产业研究、行为研究、实地研究及活动策划，为城市文化建设和文化产业发展提供智力支持，致力于建设成为东莞城市文化研究和推广的专业智库，为东莞加快文化强市建设，提升城市文化形象、文化影响力，增强千万人口文化认同感、归属感，在全市奋力开创文化强省建设新局面中体现担当、作出贡献。目前，东莞报业的舆情与智库业务主要通过举办讲座、开展社会调研、组织融媒体全案策划与执行等方式，围绕政务服务、舆情监测、新经济发展、传播与教育五大版块，在发挥自身社会服务功能的同时获得社会效益与经济效益的"双丰收"。2023 年，东报报业舆情与智库研究院更是在中国记协指导、中国地市报研究会主办的"2022 年度全国地方党媒深度融合年度创新项目"评审中被专家组推荐为示范项目。

（三）教育培训业务

新世纪以来，教育培训业务成为全国各地媒体机构经营发展的重点培育业务领域之一。依托自身专业优势及渠道优势，东莞日报多年来深耕教育培训业务领域，取得了较好的社会效益与经济效益。

2008 年 3 月，报社创立了"东莞报业小记者"品牌教育项目。项目设置了一系列社会实践、生活体验、采访采风、写作报道等活动课程，通过"专业课程＋社会实践课程"的新教学模式，循序渐进地培养学生探究性和创新性的思维品质，全面提升学生的文字运用能力、创新能力、问题解决能力、合作交流能力以及信息技术能力等综合素质和媒介素养。目前，小记者课程已经形成了一套融入爱国爱家教育的具有知识、趣味、实用性的综合类素质教育课程体系。依托于"小记者"与"莞邑少年"两大品牌，报社陆续组织举办了"莞邑少年研学社""莞邑少年夏令营"等活动项目，并积极参与到了数字教育管理服务平台"莞教通"、在线学习教育平台"莞邑学"的建设中，通过线上线下的工作融通，助推了东莞智慧教育事业在基础设施、平台体系、数字资源、智慧校园等方面的全面发展。

图 8-5　东报传媒小记者社会实践活动剪影（2023 年 3 月，东报传媒资料图）

（四）报业文创业务

东莞报业文化创意事业部是东莞报业传媒集团旗下的专注文创事业的部门。2020 年下半年，报社在多元化发展经营战略的指导下，基于东莞报业的品牌、宣传平台以及在策划、创意设计、客户资源等方面积累的优势，设立了文化创意事业部并启动了"城市礼品"的文创项目。

　　东莞报业文化创意事业部定位为东莞城市文化 IP 赋能平台，以"匠心造物，为东莞制造添彩"为理念，围绕东莞"七大文化""四张城市文化名片"，链接东莞制造业、文创产业乃至全国的设计企业、文创企业，布局策划、设计、供应、制造、传播、执行的全链条，推动文化价值、产业价值、商业价值的彼此赋能，构建东莞城市礼物运营生态。

图 8 - 6　第七届"候鸟归家"公益夏令营（2024 年 7 月）

　　目前，东报文创主要提供六大服务内容：原创开发、定制服务、联名合作、设计服务、品牌授权、活动策划。东报文创通过打造地方文化创新中心，促进文化创意和设计服务与东莞制造产业融合发展，已经构建起了"东莞有礼"的品牌生态。例如，东报文创参与协调开发的千角灯 3D 金属拼图产品入选 2020 年广东非遗新造物；原创开发的埔田笋礼盒产品获评为揭东十佳文旅手信获奖产品；运作推选的添香问字礼盒产品获评为第十三届中国艺术节文创产品入选展品。通过文化价值、产业价值、商业价值的彼此赋能，东报文创在"讲好东莞故事"的道路上，奋力宣传东莞美好城市形象。

五、做好"增减"文章，促进高质量发展

近年来，为应对疫情和外部挑战的冲击，东莞日报社牢固树立"过紧日子"思想，切实做好"增减"的文章，全面实施了开源节流、节能降耗、减员增效一系列举措，推动了报业持续健康协调发展。

（一）做好"增"的文章，实现管理增效、经营增收、资产增值

加强机制完善，实现管理增效。为加强对做好"增减"文章的组织领导，成立了资产管理工作小组、成本管理工作小组、采购工作小组、追收欠款工作小组等 11 个责任小组。各责任小组明确责任，落实分工，制订方案，大力推进，多管齐下，确保成效。全社上下注重工作细节，改进工作作风，增强工作效能，促进工作落实。优化调整经营管理、财务管理、合同管理、采购管理、法务管理、人力资源管理等制度和流程，完善经营采编协同机制、经营激励约束机制，初步实现了"增减"的常态化、制度化，"增减"的效果更加明显。加强业务开拓，实现经营增收。巩固提升传统经营模式，让信息传播、印刷发行、活动执行、户外广告等传统业务更成熟，经努力沟通 2021 年起增加了南方系报刊发行代理业务。积极布局发展新型产业，大力探索"新闻＋政务服务商务"模式，努力拓展文化创意、教育培训、舆情智库、新媒体代运营、图库视频等产业，培育了一批新的经营增长点。深入开展"走转改"，全面服务基层、盘活资源、深挖项目，扎实推进全员营销、全案营销、全媒体营销。加强梳理盘活，实现资产增值。

负资产变为正资产，解决了黄旗物业拆迁补偿难题。劣质资产变为优质资产，针对部分物业出租率低、租金低等问题，全面整合盘活写字楼、宿舍等资产进行出租，集团物业出租率达到 100%。闲置资产变为效益资产，针对部分资产闲置、利用率不够高等问题，成立资产管理小组及办公室，全面盘点了实物资产 1 万多项、固定资产 25 处。千方百计补办海联大厦、南城大厦、报业大厦有关产权证照，实现物业市值增加。多年来第一次彻底摸清了家底，规范了管理，确保了国有资源资产的保值增值。

（二）做好"减"的文章，实现机构减员、降费减支、经营减负

做好人力管理，实现机构减员。积极改变用工方式，对发行公司创新小时工作制、劳务派遣等用工方式，减少薪酬支出。积极修订了《集团"三定"方案》，根据费率、工作量和目标任务精准核实人员编制，合理配置人员，优化工作流程，提高劳动生产效率，有效控制人力成本总额。对各经营实体积极开展关停并转和减员增效，如 2021 年对发行公司削减电商物流业务，当年精简人员 80 人，减员增效达 250 万元。做好综合管理，实现降费减支。科学预算实现减支，按照"以收定支"的原则编制年度支出费用预算，下调无效费用，把费用用在有效工作，使预算支出下降，将"钱用在刀刃上"。严格预算执行，强化"先有预算、后有支出"的硬性约束，实现节支。管控成本实现减支，制订《成本管理解决方案》，推行信息化建设和无纸化办公，升级改造电灯、空调等设施设备，实现节电、节水、节纸、节约能耗。规范采购实现减支，组建集团集采中心，完善定期审查物资采购价格制度、定点供应商考核制度、物资质量验收制度等，以"择优先购"和"比价采购"的方式确保效益最大化。做好资金管理，实现经营减负。成立逾期账款清理专项工作小组，克服资料缺失、取证难、欠款

人难以查找等重重问题，清理和追回债权债务共 71 宗、860 多万元。积极推动减少亏损，为常年亏损的时报传媒有限公司、时间数字有限公司注入新业务，使其经营收益大幅增长，实现减亏增效，使集团放下包袱、行稳致远。

六、做好"四化"管理，深入实施报业提质增效工程

（一）把握"四化"管理这个重点

加强规范化管理，着力做好建章立制、建立标准工作，确保采编、行政、经营工作有规可循、有据可依，以完善的制度管人、管事、管导向、管资产、管经营。加强专业化管理，着力提升管理团队、员工队伍的综合素质、专业素养、管理水平，从根本上提升工作效率、效能、效果。加强信息化管理，大力引进先进的设备和技术，并推动应用于行政、采编、经营工作全过程、各环节，以技术赋能内容生产与传播、经营与管理。加强精细化管理，着力树立靠管理求生存、抓管理谋发展的理念，执行更严谨、扎实、具体、精细的措施，实现粗放管理向精细管理转变。

（二）实现提质增效这个目标

推进采编减负降本提质增效，落实《采编赋能双效益工作方案》，制定稿件质量控制机制、频道栏目设置机制，精简相关平台频道栏目及普通稿件，更加注重原创稿件、深度稿件、新闻精品和视频产品创作。推进经营开源节流提质增效，着力提高经营管理水平，探索放开各经营公司用人自主权，改变用工模式，降低用人成本，促进经营成本不断下降。推进行政降耗节支提质增效，组建集团采购财审中心，通过优化生产成本、降低管理成本、节省采购成本、管控变动费用、

减少损耗浪费和盘活存量资产等举措持续推进提质增效，切实推进简政放权、精兵简政、精文减会，推动报业发展实现质的有效提升和量的合理增长。

● 本章小结

总结来看，东莞日报近年来以融合改革为契机，重构经营管理体系，理顺经营职能，加强经营管理，拓展经营业务，降低经营成本，实现经济效益与社会效益"双丰收"。主要有如下成功经验。

一是优化经营发展格局。坚持"事业单位、企业化管理"，坚持市场化、企业化、公司化改革方向，推动事业与企业分离、管理与经营分离、采编与经营分离。成立经营管理委员会，适应广告下行趋势和媒体发展特点，先后成立全媒体经营公司、文化创意事业部、舆情与智库研究院、新媒体代运营事业部、培训事业部，加上原有的发行、印刷、多维等公司，构建了"1个传媒集团、11个经营实体"联动发展格局。

二是提高经营管理水平。根据各公司独立核算、独立经营的特点，采取"分步推进、逐步消化"的方式，落实成本管理，开拓创新业务，推进扭亏增盈。完善经营管理机制和财务监控机制，建立业绩挂钩考核机制，增强市场竞争意识和能力。扎实开展开源节流、清产核资和债款追收，关停并转亏损项目，实现节能增效、节支增收。

三是创新经营模式业务。探索"新闻＋政务服务商务"发展模式，发展新闻宣传、发行物流、广告营销、教育培训、编辑出版、舆情智库、活动策划执行等多种业态。推进东站地块等资源开发，探索发展传媒文化产业、文化会展经济。

四是深耕文创产业。以"匠心造物，为东莞制造添彩"理念，围绕东莞"七大文化""四张城市文化名片"，链接东莞制造业、文创产业乃至全国的设计企业、文创企业，布局策划、设计、供应、制造、传播、执行的全链条，推动文化价值、产业价值、商业价值的彼此赋能，构建东莞城市礼物运营生态，打造东莞城市文化 IP 赋能平台。

▶第九章
东报传媒的社会治理参与研究

作为重要的社会治理手段和工具，近年来，在建立社会治理体系、健全国家治理体系与推进全媒体传播体系建设的政策背景下，主流媒体的社会治理参与成为媒体深度融合进程下构建新型社会关系的重要内容。[①] 党的十八大以来，东莞日报社积极参与东莞社会治理，在各方面发挥了重要的作用，走出了一条媒体助推国家治理、构建新型社会关系的"东报传媒之路"。本章总结了近年来东莞日报社会治理参与的工作成效。

一、聚焦本地社会民生，宣传助力国家政策走实走深

（一）精心策划，做好全面建成小康社会主题宣传

2020 年是全面建成小康社会的决胜之年。报社编委会调集精兵强将，精心策划，开设《走向我们的小康生活》专版专栏，推出了《我

[①] 卞祥彬：《语境、逻辑与路径选择：全媒体传播体系建设下的媒体治理》，《编辑之友》2022 年第 11 期。

们的小康》《全面建成小康社会"百城千县万村调研行"·莞村小康路》等大型系列报道。聚焦"人民眼中的小康",挖掘源自奋斗、点亮生活、温暖人心的小康故事;聚焦各行各业市民群众、不同领域社会群体的获得感和幸福感;聚焦社区建设、企业发展的新变化、新趋势,以最基层最真实的小康体验讲述我们身边的全面小康;聚焦人民群众共建美好家园、共享幸福生活的生动实践,定格小康路上的美丽画面,进一步凝聚起新时代东莞奋力筑梦湾区、全力建设"湾区都市、品质东莞"的强大力量。

图 9-1　东报传媒开设《走向我们的小康生活》专版专栏

图 9 - 2　东报传媒创意视频部记者在清溪拍摄专题素材（2023 年 8 月）

（二）用心谋划，做好决战决胜脱贫攻坚主题宣传

2020年，报社编委会提前谋划，开设《决战决胜脱贫攻坚》专栏，积极做好习近平总书记出席决战决胜脱贫攻坚座谈会并发表重要讲话、全省决战决胜脱贫攻坚推进会召开、全市决战决胜脱贫攻坚推进会召开等宣传报道；推出《决战决胜脱贫攻坚——昭通大决战》系列报道，聚焦产业帮扶、劳务协作等重点工作开展宣传报道，为东莞对口帮扶的昭通6个县（区）全部实现脱贫摘帽凝聚强大力量；推出《缘疆——东莞援疆一线见闻》系列报道以及其他援疆报道，共刊发相关报道30余篇，聚焦东莞市委、市政府深入贯彻落实新时代党的治疆方略，谋篇布局、精准发力，从民生项目、产业扶持、教育医疗、扶贫攻坚、文化交流等方面开展援疆工作，重点展现东莞援疆工作亮点和成效，全面展示东莞援疆的成果；推出《东莞力量之协作林芝》系列报道和其他援藏报道，共刊发相关报道30余篇，聚焦东莞精英扎根林芝，用智慧和汗水浇灌林芝脱贫之路，彰显东莞的真心真情付出与责任担当；推出东莞对口帮扶援助韶关、揭阳的大型宣传报道，共刊发相关报道50余篇，聚焦东莞全市各部门各镇街对口帮扶的有力举措、工作进展和实际成效，展现东莞产业扶贫、就业扶贫、消费扶贫、生态扶贫、交通扶贫、网络扶贫等工作的成效和影响，宣传好帮扶韶关、揭阳等地的亮点成效，讲述东莞对口帮扶的生动事例和感人事迹，凝聚脱贫攻坚强大正能量；推出《第一书记的朋友圈》系列报道，广泛传播来自东莞的驻村第一书记在韶关脱贫攻坚最前线的奋战影像，呈现贫困村的新气象、村民的新生活；推出《万企帮万村》系列报道，深入一线，挖掘莞企精准帮扶的先进典型，展现东莞企业家为打赢脱贫攻坚战贡献莞商力量的大爱之举。

图 9-3　第十四届"平安回家"公益行动发车仪式在东莞市展览馆广场举行（2023 年 1 月 11 日，陈帆摄）

（三）走深走实，做好"我为群众办实事"主题宣传

聚焦"我为群众办实事"实践活动进行宣传。2021 年 4 月 1 日起，开设《我为群众办实事》子栏目，宣传报道东莞各部门、各镇街切实把党史学习教育成效转化为工作动力和工作实绩，解决好群众的操心事、烦心事、揪心事的成效，累计发稿 50 余篇。2021 年 6 月 15 日起，东莞日报推出《我为群众办实事——一把手系列访谈》系列报道 63 篇，展现在党史学习教育中，东莞各部门落实落细"我为群众办实事"活动，直面市民群众"急难愁盼"问题，践行以人民为中心的发展思想。

（四）高质量做好文化强市报道，助推东莞城市形象传播

图 9-4　助力"绿道长安　与你同行"52000 米大型健步行活动宣传（2023 年 5 月 20 日，东报传媒资料图）

紧紧围绕文化强市建设，充分利用报社全媒体平台和学习强国东莞学习平台等头部平台，通过全媒体传播手段，推出消息、深度、专题专栏、微视频、H5、一图读懂、可视化数据新闻、客户端专题等一系列全媒体报道。其中如镇街文化巡礼、文化建设深圳启示录、"数"说东莞文化、"潮玩东莞"主题评选等有思想、有深度、有温度的宣传报道，得到了市委宣传部和社会各界广泛好评。大力宣传了东莞开展的一系列主题鲜明、内容丰富的文艺文体活动，营造了团结奋斗、自信自强的浓厚社会氛围，全面立体反映了东莞文化发展成果，为文

化强市建设提供了强大舆论支持。

图 9 – 5　首届东莞大学生篮球联赛开幕式暨揭幕战在广东科技学院举行
(2016 年 5 月 10 日)

（五）深耕本土基层资源，带动社会经济发展

全面落实报社联系点、通讯员队伍建设等工作任务，确保基层资源开发扩面、提质；全力配合好镇街各类项目合作、年终特刊等大型项目的开拓和执行工作。同时，推动科创＋频道和科创＋名记者名编辑工作室运行全面达到预期目标，打造东莞科创资源对接平台；常态化运作"院士咖啡"，打造科创＋品牌活动；推进潮玩＋内部特色工作室全面运作，成为东莞潮流文化产业的推动者和引领者。

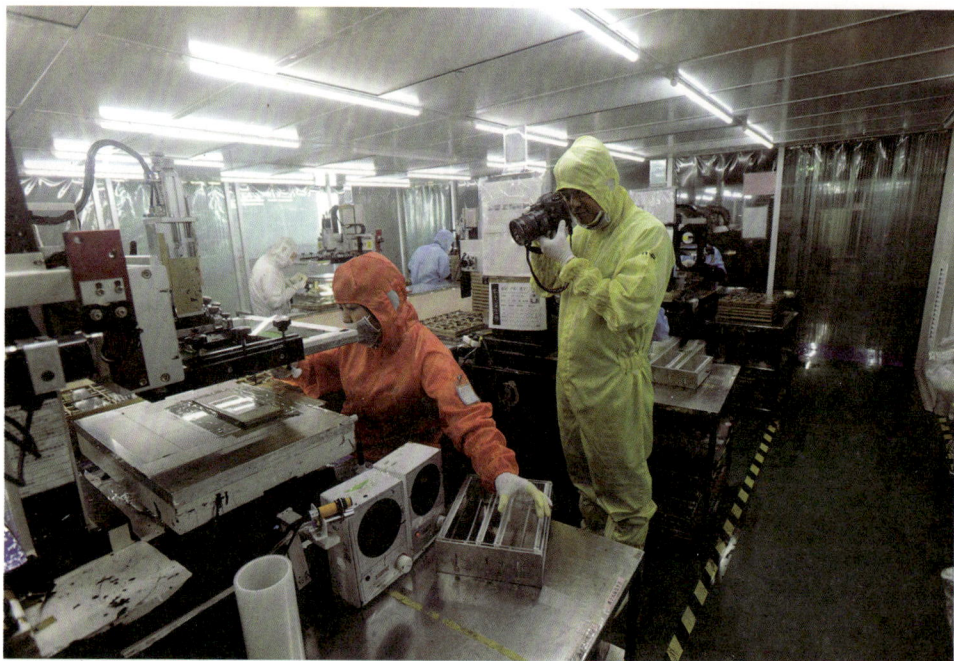

图9-6 东报传媒摄影记者深入企业拍摄东莞制造素材（2015年6月）

成功创办《国防专刊》，推出创文"五连冠"特刊、"脱贫攻坚"特刊；完成30个镇街的走访调研，积极推行镇街年度合作套餐制；策划、参与"2020东莞制造业品牌企业500强评选活动"、"一起查餐厅"、"九号查酒"、联科产业园、黄金小镇、品质东莞直播大赛、乐购东莞等系列活动，单个项目超百万元；拓展广告专题约200万元，推动多项重大合作超过800万元；探索"媒体带货"，精心策划"东莞日报助力东莞智造，品质带货主播邀你来"系列直播活动，积极联合市商务局及大岭山、黄江等镇街，主动联手抖音、快手、爱逛等互联网直播平台，深入对接华为、格力等知名公司需求和资源，共举办6场直播带货专场活动，吸引近120万网民积极观看，带货金额405万元。

此外，报社还通过紧扣媒体深度融合发展主线，不断提升融媒报道意识和能力，探索共建镇级融媒体中心新模式，取得新突破。"横沥样板"成效明显，获全市经验推介。

（六）做好公益宣传和品牌活动，服务社会民生

积极发挥媒体优势，利用旗下的报纸平台、新媒体平台和户外平台，大力开展文明创建、环境保护、交通安全、反诈骗、东莞好人、消费者权益保护等各类公益宣传，唱响慈善东莞品牌，营造东莞城市暖流。联合市有关部门、慈善机构和爱心企业，积极开展"315"消费者权益保护、"彩虹书包——小候鸟"等公益品牌活动。尤其是2009年以来，启动"平安回家"公益活动，开辟春节返乡绿色通道，帮助10000多名在莞务工人员解决春节回家难题，彰显东莞对城市建设者的关心关爱。2023年，东报传媒"平安回家"公益品牌活动全新升级，携手爱心单位创新开展"开心回莞 平安回'家'"公益特别行动，进一步擦亮"友善东莞"的亮丽名片。

图9-7 东报传媒"平安回家"公益活动，在莞务工人员乘坐大巴回乡（2023年1月）

二、及时响应疫情防控，全天候打好舆论宣传攻坚战

2020 年初，新冠疫情防控阻击战打响。报社编委会切实将疫情防控宣传作为首要政治任务，主动取消休假，长期坚守一线，实现了市委"铺天盖地、排山倒海、家喻户晓、人人皆知"的宣传目标，营造了全市上下众志成城、齐心协力抗击疫情的浓厚舆论氛围。

（一）全员发动，迅速行动

报社第一时间制订宣传报道方案，调集全体采编人员力量，结合报社推动媒体融合发展工作要求，做好全媒体专题报道。疫情得到初步控制之前，《东莞日报》每天使用 8 个以上版面、《东莞时报》每天使用全部版面刊发疫情相关报道，各部门记者深入一线，围绕疫情防控和复工复产采写了大量稿件。仅 1—3 月份，《东莞日报》《东莞时报》就累计刊登稿件 2300 多篇，各新媒体平台推送资讯超 2.6 万条。

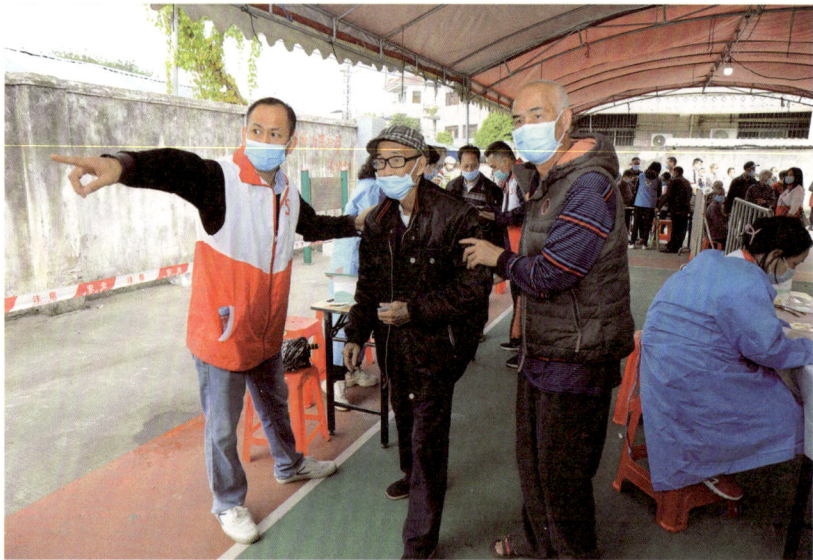

图 9-8　东莞日报社派出的第一批抗疫工作队在望牛墩镇望联村检测点引导群众做核酸采样（2021 年 12 月 15 日，程永强摄）

图 9 - 9　　"人来人返　相约东莞"2024 年第十五届"开心回莞　平安回家"公益特别行动启动仪式（2024 年 2 月 5 日）

（二）精准传播，创新形式

编委会以视频工程、H5 工程、漫画工程等为主要抓手，创新宣传报道方式方法，推出短视频近 1400 条、创意 H5 作品 10 多个、漫画及海报 100 多张。抖音平台发布的《东莞医护人员抢救新冠肺炎危重患者瞬间》《广东一男子确诊因为坐公交拉下口罩》短视频，播放量均突破 1 亿次；推出《猜防疫灯谜亮健康花灯》《最美逆行者》等 H5，增强线上互动，阅读量分别达 10 万次、30 万次；推出"疫情防控动漫"及"众志成城抗击疫情""社区防疫"等多个主题系列漫画公益海报，以简单通俗的文字、生动活泼的形式，帮助市民了解、掌握科学防疫知识。

（三）精心策划，多元传播

加强策划带动，实现全平台协同、多形式推送、多渠道传播，打造精品报道。在报道全市"减租免租"政策迅速落地的过程中，以村民全力支持减租免租为切入点，精准提炼出"养好一只鸡，何必在意一个蛋"主题，迅速做好全媒体专题策划，采用新闻报道、评论、H5作品、视频、海报等多种表现手法，通过报纸、微信、网站等多平台推送，在社会上引起了强烈反响。

图 9-10　"东莞+"10 周年"爱城专列"地铁活动（2024 年 6 月）

（四）做好典型报道，引领同心战"疫"

围绕疫情防控主题，及时做好小区封闭管理、"莞 e 申报"、打击涉疫犯罪等"硬核"措施宣传工作，做好"政策解读、具体指引"宣传，为市委、市政府精准施策、令出必行营造了浓厚的舆论氛围。及时报道全市各级各部门的各项关爱措施，彰显市委、市政府的人文关怀。策划推出了《九院驻点报道》《战荆州》等专栏，记录医护人员坚守最前线的感人故事。深入挖掘公安干警、网格管理员、快递小哥、志愿者、社工等基层防控人员先进事迹。积极报道社会各界、民主党派、普通市民踊跃捐款捐物、支持抗疫的爱心行动，大力宣传凡人善举。同时，聚焦党建引领，开设《党旗在防控一线飞扬》专栏，把镜头对准各级党组织、基层党员，展示党员抗疫冲锋在前的责任担当，引领全社会同心抗疫。

（五）抓好舆情应对，疏导社会公众情绪

疫情发生初期，针对东莞出现抢购生活物资的情况，编委会迅速组织记者走访物资保障部门、各大超市，及时推出反映物资供应充足专题报道，快速、高效稳定了民心。对于社会上出现的歧视湖北籍人员个别现象，大力报道各级各部门、企业、社区对湖北籍人员的关爱举措，深入宣传湖北籍人员在莞一线抗疫的感人事迹。在"i东莞"开设《辟谣专区》专栏，第一时间粉碎各类谣言，共发布辟谣信息近100条，阅读量达50万次。

（六）全覆盖推送，体现党媒强大影响力

一是立足东莞，影响全国。有200多篇作品被人民日报、新华社、央视新闻、学习强国、国家应急管理部等客户端或公众号转发。其中，《东莞防疫Disco》《复工防疫Disco》视频，被国家应急管理部、广东发布、广东应急管理、新华社、人民日报、学习强国等微信公众号或客户端转发，全网播放量超过2500万次。联合东莞本土知名音乐人吴群推出《武汉的冬天不冷》MV，联动湖北多家媒体网上发布，全网总播放量逾300万次，获评学习强国"抗疫公益歌曲展播优秀奖"。

《二十四小时直击东莞隔离病房》《一图读懂境外返莞来莞人员如何配合防疫工作》等作品，被市外事部门翻译为英文版对外传播。

二是打造爆款，影响全网。策划组织《东莞欢迎您回家》项目，从报纸刊登公益广告，到户外 LED 联播宣传，再到短视频、微信微博、"i东莞"客户端开机页面等多种新媒体形式传播，把温暖传递给每个在东莞奋斗的人。系列海报、短视频被人民日报、学习强国、广东省委网信办公众号以及腾讯、网易、新浪、今日头条等平台收录传播。

三是提升服务，影响全民。"i东莞"新闻客户端推出"东莞确诊病例实时地图"，设置实时数据、疫情地图分布、数据图表趋势、病例具体情况等版块，嵌入防治专题、发热门诊导航，服务（浏览）超500多万人次。推出"东莞中小学全科免费线上课程"，分设幼儿园、小学、初中、高中等课程，协助学生在线答疑，参与学习人次达30多万。推出《复工复产防疫机器人》融媒体产品，全面整合东莞防疫的措施、政策、资讯，市民、企业可以随时随地线上获取防疫指引。推出20期《运动抗疫》系列短视频，指导市民在家运动，被省体育局转载，东莞多所学校也将其作为线上体育课程。

（七）全天候作战，体现党媒强大公信力

建立24小时滚动发布重大信息机制，加强与市指挥部的对接协调，实现第一时间发布公告、政策和各类重大服务信息、疫情资讯。充分发挥全媒体采编中心指挥、统筹功能，有效打通《东莞日报》、《东莞时报》、"i东莞"、东莞时间网的采编资源，提高全媒体报道反应能力和执行能力，第一时间落实上级部门各项工作部署，确保方向正确、精准发力、落实到位。

（八）深入调研，为疫情防控提供有效决策依据

根据市委、市政府统一部署，按照疫情防控指挥部具体要求，报社精心策划部署，调集采编骨干力量，在疫情防控期间深入基层调研，以内参的形式，撰写了十多篇调研报告。调研报告数据精准、内容翔实、建议得当，为市委、市政府提供了有效的决策依据。其中，有三篇调研报告获得市委主要领导批示。

三、强化平台与制度建设，全面打造意识形态安全阵地

（一）制订意识形态阵地安全工作方案

研究制订了各种具体实施方案，开展了多轮涉及媒体平台、新闻内容、网络安全等领域的系统性全面排查检查工作，确保万无一失。全媒体编委会以及各采编部门制订具体细化方案，挂图作战、责任到人，以"时时放心不下"的责任感，严格落实采编把关和内容审查责任，抓好二维码、音视频、稿件、留言、网页等内容审校工作。专门制订值班方案，实行双编委双主任值班制，加强值班值守，并在"三审三校"的基础上增加前端主任审核环节，确保内容安全可靠。强化落实白名单制度和第一读者制度，注重选题把关和信源把关。严格管理推文留言，加强正面引导，有力控制风险隐患，牢牢守护意识形态阵地安全，高效实现安全生产零事故。

（二）严格执行网络安全防范工作机制

一是加强技术支撑，确保报社全媒体平台以及与镇街共建的融媒体中心运行安全、稳定。二是定期梳理网络设备台账，并对各类设备进行检查，特别是网络边界设备、安全设备等，下线非必要系统，聘

请第三方安保公司对新媒体业务进行渗透测试，保障网络安全状态。三是完成核心交换替换工作，降低设备老化带来的安全风险；对硬件资源的分配进行调整，提高资源利用率，降低物理服务器故障带来的安全风险。四是在重点防护期间不对系统进行非必要的修改，避免出现新的安全风险。

（三）强化融媒体平台建设

全面推动融媒体一体化平台建设。以融媒体技术为支撑，在二期工程基础上，推动三期工程建设，分步引入和对接视频平台的各项功能，强化融媒体平台的视频云编辑、视频 UGC、创意视频等方面的能力。进一步优化"策、采、编、发、评、管"的融媒体采编流程和"三审三校"流程，确保全媒体报道既快又好。同时，打通集团现有软件系统的业务流和数据流，畅通信息化流程，推动媒体融合数据运营。此外，全面升级融媒体指挥中心平台建设，完善指挥中心软硬件建设，完善视频通话、记者定位、新闻监控等指挥、管理功能，提高全媒体反应速度和作战能力。围绕打造市级融媒体中心、共建镇级融媒体中心的重点工作，提高自身的设计和研发力量，推动报社在各领域的信息化、数字化和智能化建设和发展，全力打造融媒体精品。

（四）提升可视化产品生产能力

重点提升东视频项目内容生产力和影响力，将东视频在东莞"第一影响力"视频平台基础上，打造成具有区域影响力的视频平台，围绕提升东视频影响力，着力整合抖音平台、打造特色工作室和视频号平台。全面推动东视觉项目建设，建立摄影工作室和视觉设计工作室，围绕图库上线，开展系列策划，通过"六个一"活动将图库一炮打响；同时，以图库建设为抓手，整合采编视觉力量，在设计、摄影和视频策划上抓好融合，推动东视觉品牌影响力大幅提升。

（五）不断优化融媒技术

按规划完成媒资系统、东莞新闻奖评选系统等的开发、部署和使用工作，推进平台的大数据服务能力建设，针对媒体融合过程中遇到的各种问题，进行调整完善。根据运营需求优化调整"东莞＋"App的各项功能，如添加开机视频、增加初次启动的帮助介绍等，以及处理在运营过程中出现的各项功能及 UI 调整。完成"i 横沥"升级 Flutter2.0 框架，进一步完善 App 的各项功能及优化兼容性。完善融媒体生态系统相关功能，包括 2.0 整体升级，抖音、快手等第三方平台的签发对接、宣传指令下达及东莞融媒体 App 审核通知的个性化消息推送等功能，进一步提升各项媒体整合业务的效率。对接第三方，根据业务需求，继续协助相关部门做好图库、视频编辑云平台和媒资管理平台的对接，引入第三方技术，赋予报社产品更多元的推广形式和服务能力。提高设计和研发水平，尝试开展技术输出业务，严把网络和信息安全关，确保安全生产。

（六）强化新媒体阵地运营水平

强化"东莞＋"运营中心建设，提升"东莞＋"运营水平，完善运作机制，统筹、协调全集团各部门共同参与"东莞＋"运营工作。结合"东莞＋"三年规划调研报告，持续优化用户体验和用户价值，增强平台的功能性、互动性，致力推动将"东莞＋"建设成为"新闻＋政务服务商务"的新媒体平台。发挥融创实验室的产品创新功能，将对集团有重大影响的内容等进行二次包装、二次创作，形成系列融媒产品，倾力打造"热点"频道。完善立体传播矩阵，利用学习强国东莞学习平台编辑部开通等深化向上传播，继续和广州、惠州、珠海、中山等以互开频道项目合作等方式，建立湾区媒体联盟；以喜马拉雅东莞频道深度合作为突破口，强化与高流量平台合作；以订阅号

（莞＋号）入驻、开设频道、联合办端、融媒共建等方式，与镇街局办强化合作；充分整合现有资源，逐步开通"公益＋"、视频直播等新频道。

四、打造权威信息渠道，构建媒体问政平台

（一）打造权威信息渠道

一是及时转载中央及省政法队伍教育整顿重点稿件、重要评论及其他重要权威信息。二是及时报道全市、各政法部门开展政法队伍教育整顿工作进展、亮点措施和阶段性成效。三是推出"我为群众办实事""致敬政法英模"等系列报道，深入报道政法系统各单位开展"我为群众办实事"的生动实践、创新举措以及整顿过程中涌现的先进典型、感人事迹。四是整合旗下各平台，开设专栏，加强媒体融合手段运用，推出形式多样的全媒体专题报道，提升报道影响力。

（二）构建媒体问政平台

早在 2012 年，报社即通过"报网联动"的形式，推出了"时间问政"大型网络问政报道。《东莞日报》和东莞时间网精心策划，在市两会期间成功推出品牌专栏《时间问政》和《东莞为什么?》大型网络问政专题，引发广大网友热情关注、踊跃参与，当年累计超过千名市民积极建言献策，点击量超过了 500 万人次，有力推动了一系列政府工作的扎实开展。时任市委书记、市长均对"时间问政"作出批示给予肯定。

2012 年 5 月 17 日，"时间问政"网友见面会在东莞报业大厦举行，时任东莞市委主要领导与 22 名网友代表会面，面对面听取网友的

"拍砖"与"论剑"。2013 年，举办东莞市"市民评机关"大型活动，经过实地踏访和电话联系，建立了与 44 个受测评单位的日常联系、信息反馈机制，所有受测评单位均指定了联系人并发回了服务承诺。活动开展 2 个月来，共收到了 200 余条市民信息，超过半数得到了各有关单位的回复。这个活动也成功架起了政府和网友沟通的桥梁。

2014 年 7 月起，东莞日报社开展"奋进攻坚——全媒体基层行"大型采访活动，在《东莞日报》、《东莞时报》、东莞时间网同步推出"奋进攻坚"大型策划报道，并在各媒体官方微博、微信上及时发布动态信息。

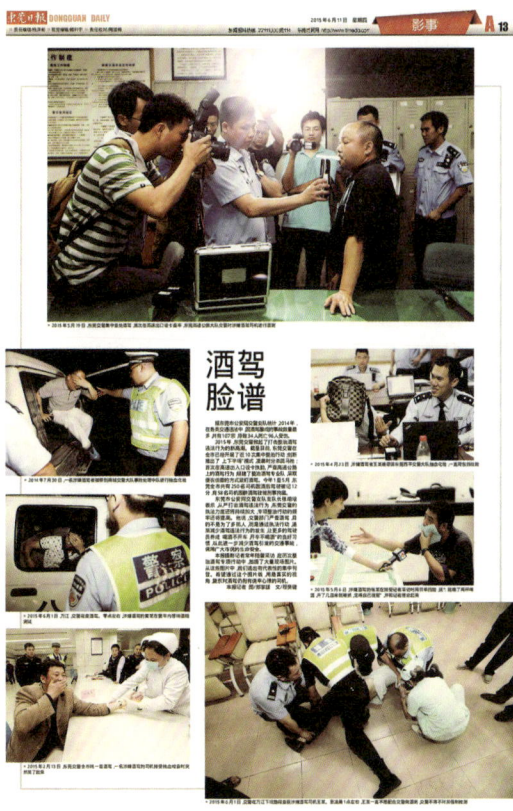

图 9 - 11　摄影作品《酒驾脸谱》荣获 2015 年度中国新闻奖三等奖

2016 年，先后策划执行了"封面宝贝"评选、"家有艺宝"评选、"莞商大会"在线拼图游戏、"名城名匠"评选等报网活动，实现了纸媒、微信、社群的联动宣传，取得良好的宣传效果，东莞时间网官方微信公众号当年粉丝峰值超过 50 万。当年还成功举行东莞市公安局 2016 年公众开放日活动，一方面通过纸媒和网络媒体宣传"以案说防"，另一方面通过线下互动加深市民对"以案说防"的体验和感受，活动线上宣传阅读量逾 190 万次，活动现场接待群众逾 3 万人。

2018 年，东莞开始创建国家食品安全示范城市，并计划用 3 年时间完成创建工作。正是在此背景之下，2018 年 3 月，由东莞市市场监督管理局和东报传媒联手打造的"一起查餐厅"直播活动正式启动，每期对 2～3 家餐厅和食堂后厨进行现场检查，现场直播，曝光问题，处罚整改，直面餐饮业存在的问题，通过"奖优罚劣 推红惩黑"方式，达到推进"明厨亮灶"民生工程建设，保障食品安全的目的。同时，通过开展"一起查餐厅"直播活动，以食品安全为支点，推动全社会共治共享食品安全，助力东莞创建国家食品安全示范城市。从 2018 年首期活动开展至今，"一起查餐厅"直播活动已经成为东莞政务报道中一档品牌栏目。

2024 年以来，东莞日报社坚持以习近平新时代中国特色社会主义思想为指导，把坚定拥护"两个确立"、坚决做到"两个维护"作为新时代新征程上的重大使命、重大责任，紧紧围绕落实党的二十大战略部署，全面完整把握政治监督具体化、精准化、常态化要求，推出了"2023 年全市党风廉政建设和反腐败斗争"系列报道，在打造监督性的媒体问政平台方面取得了良好的社会反响。

●本章小结

近年来，东莞日报社在社会治理参与方面取得了显著的工作成效，为构建新型社会关系、助推国家治理发挥了重要作用，形成了独具特色的"东报传媒模式"，主要体现在：

一是在媒体助推国家治理层面取得了一定的成效。近年来，东莞日报社充分发挥主流媒体的作用，积极参与国家治理体系建设。通过深入报道全市各级各部门各领域的工作进展、亮点措施和阶段性成效，及时转载重要信息，为国家治理提供了有力的舆论支持。

二是通过融媒体一体化平台建设，全面推动融媒体中心的升级，将新媒体技术巧妙运用于社会治理参与中，提升了媒体的传播效果，扩大了传播覆盖面。融媒体平台的优化和提升，使得信息能够更迅速、更广泛地传播，为社会治理提供了更加高效的传播工具。

三是通过推动融媒体一体化平台建设，强化新媒体阵地运营水平，以及通过打造权威信息渠道，东莞日报社积极参与构建新型社会关系。通过"公益＋"、视频直播等新频道，加强与不同地区媒体的深度合作，积极参与政府工作。媒体的参与不仅仅是信息的传递，更是对社会问题的关切和积极引导。

四是通过构建媒体问政平台，东莞日报社实现了与公众、政府的有效沟通。以"时间问政"等问政专题为代表，成功搭建了媒体问政平台，吸引广大市民踊跃参与，使媒体成为政府与公众之间沟通的桥梁。这种问政形式使得媒体参与社会治理的方式更为直接、深入，为解决社会问题提供了更多的可能性。设立报业热线报料电话，通过热线电话、专题专栏等形式，聆听群众诉求，回应社会关切。

五是通过整合旗下各平台，加强媒体融合手段运用和公益活动开展，成功推出形式多样的全媒体专题报道和公益活动，提升了报道多样性和报业影响力。在政法队伍教育整顿、市民评机关等方面，通过全媒体专题报道，东莞日报社为社会提供了深度解读和关键信息，成为社会治理的参与者和引导者。积极开展"平安回家""彩虹书包——小候鸟"等公益活动，积极为社会公益作贡献。

总体来看，东莞日报社在社会治理参与方面表现出色，通过创新性的媒体手段和全媒体传播体系建设，取得了显著的工作成效。其经验和探索形成了一条媒体参与社会治理的"东报传媒之路"，为其他媒体参与社会治理提供了可资借鉴的范例。通过这一路径，东莞日报社不仅成为媒体的传播者，更成为社会治理中的积极参与者和推动者，为国家治理和社会关系构建作出了积极贡献。

▶第十章
市级媒体融合发展的"东报传媒"模式

自 2020 年进入媒体深度融合发展以来，东莞日报社实现了四大转变。一是由传统媒体向新兴媒体转变。建立了"报微号网端屏"全媒体格局，形成了全方位、全天候、全覆盖的传播格局，成功实现由传统媒体向新兴媒体的脱胎换骨和华丽转身。二是由报纸体制向融合体制转变。建立了党委领导，全媒体编委、经管委主导，行政、采编、经营分线作战，采访、编辑、可视化、技术四大中心的组织架构，报社全员一步到位实现转型做新媒体。三是由区域影响向全国影响转变。打通了向央媒推送稿件的渠道，有力拓宽了网络传播的空间，达到了内促工作、外树形象的良好效果，增强了东莞的影响力和竞争力，提升了东莞知名度和美誉度。四是由传统经营向集约经营转变。从过去发行、广告等单纯经营模式，向新闻宣传、教育培训、舆情智库、活动策划执行等多种业态转变，构建"1 个传媒集团、11 个经营实体"联动发展格局，2020—2024 年连续四年经营业绩逆势飘红，2021 年经营业绩和市属媒体绩效考核分数创历史新高。

总结来看，面对互联网及现代信息技术的发展对传播秩序和媒体格局的冲击，对于媒体融合的未来发展方向，东莞日报社紧扣报业发展实际，适应形势发展的现实需要，以习近平新时代中国特色社会主义思想为指导，全面贯彻落实党的二十大精神以及全国、全省、全市宣传思想文化工作会议精神，以体制改革为牵引，以平台建设为重点，以内容建设为根本，以先进技术为支撑，以创新管理为保障，以人才队伍为基础，以做领军传媒机构、全媒体特种部队、优质内容和活动供应商、城市形象塑造和推广大使为努力方向，进一步加快媒体深度融合发展、塑造主流舆论新格局，守正创新、攻坚克难、锐意进取，为推进中国式现代化的东莞实践提供坚强思想保证、强大精神力量和有利文化条件。尤其是提出了"锚定一个目标、打造两个生态、坚持四个赋能、实施六大行动"的工作思路，在全国地市级媒体中也具有一定的借鉴学习意义。

一、"锚定一个目标"的发展战略定位

始终坚持党管媒体、党管意识形态，坚持正确的政治方向、舆论导向和价值取向，围绕打造"全程、全息、全员、全效"的一流新型主流媒体和一流新型传媒集团的奋斗目标，深入推进主力军全面挺进主战场。建设"精致报业"，力争在重点领域和关键环节的改革创新取得新的实质性突破，各项工作均衡实现质的有效提升和量的合理增长，城市传播综合服务能力在本地稳居首位，持续巩固集团在全国地市党媒综合实力、竞争力、品牌力第一方阵地位。实现传统媒体和新兴媒体深度融合，新闻事业和文化产业全面发展，社会效益和经济效益不断提升，成为在粤港澳大湾区有较强影响力、全国地市级党媒领军的一流新型数智媒体机构。

二、"打造两个生态"的顶层融合理念

（一）持续打造现代传媒管理生态

始终坚持党管媒体原则，加快现代传媒管理改革。面向深度融合要求，重塑集团及各部门（公司）的职能职责、目标定位，在坚持"事业单位、企业化管理、市场化运作、财政监管"体制基础上，加快建设权责法定、权责透明、协调运转、有效制衡的现代企业管理机制。打通采编、经营、行政三大体系制度衔接中的痛点堵点，建设更有自我创新、自我激励、自我成长等自驱力的制度体系，形成更高水平的风险共担、价值共创、利益共享的良性管理生态。

（二）创新打造城市传播服务生态

坚持围绕主题主线和中心大局，深化"新闻＋政务服务商务"，做好城市传播和服务。搭建由顶部（央媒、省媒、头部平台）—中部（辐射大湾区的同级媒体圈）—底部（本地镇街融媒及本地KOL①）构成的传播服务塔式结构渠道。立足本地，探索城市传播与服务的场景打造，创建新场景，培育新需求，提供新服务。着力拓展具有高触达特点的多元多端的多服务业态，建设具备较强渠道整合聚合能力、领先的全链全案服务能力、一定服务场景开发能力的城市传播服务业务生态，成为城市传播和服务的本地首选、辐射湾区的区域头部专业运

---

① KOL："Key Opinion Leader"的缩写，可译作"关键意见领袖"，属于营销学上的概念。通常被认为是在某个领域拥有一定影响力、拥有更多、更准确的产品信息，且为相关群体所接受或信任，并对该群体的购买行为有较大影响力的人。KOL的内容更垂直，粉丝黏性也很强，像专家、名人、明星、网红等都可被称为KOL。

营服务商。

三、"坚持四个赋能"的跨界融合思维

(一) 坚持文化赋能

文化是人类文明发展的成果,习近平文化思想是我们担负新的文化使命的强大思想武器。要以习近平文化思想为科学行动指南,以党建为引领,以报业文化建设为抓手,实现文化赋能报业发展和媒体深度融合。持续深化党建文化,把党建与业务深度结合,充分发挥党组织战斗堡垒作用和党员先锋模范作用,以党建促媒体融合出新出彩、促报业经营提质增效、促行政服务创先争优。继续营造报业文化,发扬"用心报天下"的精神理念,健全"改革事业报人共创、发展成果报人共享"的体制机制,开展关心关爱员工行动,构建东莞报业人的精神文化家园,形成东莞报业人的共同价值观、事业观、发展观,从而进一步激发干部职工改革创新的热情和活力。努力培育文化产业,聚焦文化强市建设,从深厚的东莞城市文化中吸取养分,充分发挥文化在激活发展动能、提升产品档次、优化供给中的重要作用,推动集团的优势资源和要素向文化产业开发的加速集聚,构建富有东莞特色、东报优势的文化产业版图,做网红城市策源地、爆款创意策划者、全案传播操盘手、形象提升合伙人、文化产业优等生、品牌塑造排头兵。

(二) 坚持数智赋能

东莞日报社始终紧跟内容数智化赋能融合创新发展的潮流前沿,尝试为主流内容价值传播插上先进技术的翅膀。注重先进技术和工具的引进,紧盯技术前沿、跟踪先进技术发展趋势,进一步完善优化对先进技术和工具的调研评估、引进部署和学习消化。建立技术创新体

系，加强与前沿机构合作，不断提升核心技术团队能力、技术产品自研能力，争取形成特色技术品牌输出能力，深化数据运用，打造数据引擎，建设共建共享、精准触达的全媒体大脑。探索数据产业开发，进一步推动数据资源化、数据资产化、数据资本化，全产业链释放数据价值红利。

（三）坚持资源赋能

不断提升资源配置效率，以资源赋能理念探索实现资源有偿、资产盘活、资本升值、资金流动良性循环，促进国有资产保值增值。整合集团各类资源，推动资源资产化，对报业大厦、印厂地块、东站地块、琥珀台等物业做好潜力挖掘和规划打造，提升资源使用价值，提升资源协同效应和规模效应。对有形与无形资产进行一体化、市场化、专业化整合运营，对不良资产通过债务追偿、债权转股权等方式实施处置，对优质相关资产进行资本化运作，释放盘活国有资产。有效开展资本运作，促进产业多元化，培育资本运作主体，确定合理的管控模式和治理机制，加强参股入股、合资合作、联合兼并、股权流转、重组改制等，促进资源、资产和资本的顺畅流动、有效配置。构建资金管理体系，谋求利益最大化，对集团资金进行统一规划管理，建立健全存量资金动态跟踪、梳理、盘活常态制度，开辟新的资金使用空间，提高资金的盈利性和流动性。

（四）坚持运营赋能

运营工作贯穿于媒体生产全流程，通过全链条运营能力和水平的提升，实现媒体深度融合动力、效果倍增。加强内容运营，始终保持内容定力，深入推进内容生产供给侧结构性改革，更加注重全媒体内容生产，提升内容生产质量，扩大优质内容产能，加大内容的创意整合和全网传播力度，打造知识产权保护及运营体系，把权威内容生产优势转化为融合发展优势。加强渠道运营，发挥自身优势，借助内宣外宣、央媒省媒、行业市场、基层站点，完善新闻传播分发渠道、产品销售渠道、服务推广渠道、广告传播渠道，全面构建上接天线、下接地气的渠道体系。加强品牌运营，强化报社品牌内容、品牌服务、品牌活动、品牌产品的建设推广，从集团层面统筹力量打造一批具有高附加值、高议价能力的内容 IP、活动 IP、服务 IP，通过品牌运营不断助力打造名报社、名报业、名报纸，把东报传媒打造成为全国范围内的一张亮丽城市名片。

四、"实施六大行动"的深度融合模式

（一）媒体平台强化行动

传统报纸以"精品＋"提升引导力，《东莞日报》坚持精品性、权威性、深度性方向，进一步强化议题设置能力和观点输出能力，充分发挥纸媒团队专业性强、策采经验丰富的差异化优势，进一步强化时事经济类深度稿件、权威报道和评论产品，为读者提供高价值信息，形成本地难以替代复制的核心内容竞争力，将《东莞日报》打造成本地最具舆论引导力的媒体。《东莞时报》深耕垂直领域，全力打造莞邑少年品牌体系。以杂志视觉理念提升报纸视觉体系，营造精品阅读品相，实现内容与形式的更优统一。做好纸媒读者社群建设，打造本地优质影响力圈层。自主平台以"应用＋"打造新动能，抓住市级融媒中心建设契机，在各类政务数据资源的注入上强力突破，不断推动"东莞＋"应用服务能力与经营协同能力双提升，将东视频、东莞图库等自主可控平台做精做强。重点加强"东莞＋"与市级融媒中心平台的主动深度嵌入、功能联动与衔接，创新钱包支付、线上商城、生

活服务、直播电商、教育医疗、智库研究、城市大脑、网络问政等应用与功能。强化内容智能分发，建立具有东报传媒特点的党媒推荐算法模型，实现新闻个性化推送。强化内容智能反馈，对全集团内容产品实行全周期传播效果量化监测，即时精准反馈传播效果。推进数据埋点①，对传播效果数据开展日常挖掘、分析以及对传播路径的分析，以及时指导、调整内容生产方向和运营策划执行。加快建设更优的"东莞＋"政务服务能力，面向党建宣传、政务服务、政企/政民沟通的需求，主动融入数字城市建设，推动应用引入和服务接口对接。加快拓展"东莞＋"生活服务能力，面向用户出行、健康、学习、社交等生活需求，主动打造服务场景和接口，形成多场景的垂类应用服务，尤其是重点建设教育、医疗两大应用板块；持续提升"东莞＋"对商务服务的支撑力，强力推动集团内容、应用、用户（客户）、流量、版权/IP 等各类核心数据资产在"东莞＋"平台上的集成与沉淀，不断提升数据资源运营质量，为集团创新商务服务产品形态、合作模式构筑数据支撑力，为"东莞＋"提升自身造血能力夯实基础。通过全员短视频行动、行走"＋视频"路径等，做强做大东视频品牌，打造本土最具影响力新型视频平台。加快推进"东视频 MCN 机构"建设，打造东莞领军的视频资源联盟，总入驻单位数量超 100 家，大力孵化新闻网红 IP。推动东莞图库高质量发展，入库作品总数达到 50 万，签约摄影师超过2000人，合作共建单位达到 8 家，打造一座城市的影像

---

①　数据埋点：是一种常用的数据采集方法，指在需要采集数据的"操作节点"将数据采集的程序代码附加在功能程序代码中，对操作节点上用户行为或事件进行捕获、处理和发送相关技术及其实施过程。例如，开发人员通过在网站展示页面嵌入数据采集代码，当访客访问该页面时，通过程序可采集该访客的访问时间、访问设备配置、网络情况等信息，以便后续开展更进一步的数据运用。

档案。第三方平台以"运营+"扩大传播力，坚持"引用结合，以用为主"，加快将第三方平台建设成为我所用、有效有力的传播强渠道，最大限度扩大传播能级和传播半径。发挥媒体内容生产优势，探索与第三方平台开展内容深度共创，通过共创对平台大流量有效引流。充分尊重不同平台的个性化传播规律、风格调性、发展趋势，建设时事类短期传播＋生活类长尾传播的内容系统，形成"专业生产＋头部引流"的新传播方式，实现内容品牌、阅读量、影响力明显提升。进一步优化对第三方平台的运营考核机制，更加突出与传播力相关的核心目标，重视用户黏性与活跃度。探索建立对第三方平台的相对统一运营，减少分发损耗，提高运营效能。

（二）内容建设提升行动

实施内容生产"双效益"提升工程。坚持以内容建设为根本，牢固树立"内容为王、效益为要"的理念，追求更加统一的社会效益和经济效益，持续增强新型主流媒体的核心竞争力。建立更加符合全媒体传播特点的内容生产双效益评价体系，对采编绩效考核制度进行持续优化和动态调整；做好内容生产"加减法"，对流量不高、效益不佳的平台、频道、版面、稿件继续进行精简、撤并；制定采编力量日常调度工作指引，进一步提高采编力量日常调度的科学性；对采编经营协同中的内容生产工作制定效益评价标准，提升协同效率效能。实施内容生产机制创新工程。坚持以提升"四力"为导向，一方面推动面向深度融合、科学合理高效的审核把关体系，另一方面持续创新"高效、开放"的内容生产机制，以开放的生态、先进的技术不断扩大优质内容产能。做优 OGC①，做大 UGC，引育 PUGC②，部署 AIGC。借鉴中台③理念进一步优化内容生产的"策、采、编、审、发、传、评、馈"，实现融媒体生产的全流程贯通。强化全媒体策划，推进编委会、中心、部门三级策划机制的落实。强化牵引，向名记者名编辑工作室、品牌栏目/频道、潜力 IP 等进行激励政策、人力配备、技术支撑、传播渠道等资源的倾斜性配置，不断培育孵化名记、名编、名报人 IP 项目。强化可视化表达，配足可视化岗位，实现视频采编部门以外的采编团队可视化技能提档升级，全力推动新闻内容可视化转型，更加深入挺进视频传播领域。重视数据化新闻的融合呈现，建设数据新闻工作室，讲好数据中的东莞故事。深入推进"走转改"，按照开门办媒、开放共享的原则，持续强化通讯员队伍建设，建立与镇级融媒体联动的内容共创常态化机制。实施内容精品"培优"工程。坚持正确政治方向、舆论导向和价值取向，围绕主题宣传和城市传播，持

---

①　OGC："Occupationally Generated Content"的缩写，可译作"职业生产内容"或"职务生产内容"。指通过具有一定知识和专业背景的行业人士生产内容，并领取相应报酬。OGC 的生产主体是从事相关领域工作的专业人员，其生产主体具有相关领域的职业身份。集团自主生产 OGC 内容的典型特征就是质量高，由于其内容生产掌握在专业职业人员手中，能给用户提供高质量的深度内容。这与 UGC 良莠不齐的内容不同。

②　PUGC："Professional Generated Content + User Generated Content"的缩写，可译作"专业用户生产内容"或"专家生产内容"。指在移动音视频行业中，将 UGC + PGC 相结合的内容生产模式。是以 UGC 形式产出的相对接近 PGC 的专业音频内容。PUGC 生态战略集合了 UGC、PGC 的双重优势，有了 UGC 的广度，通过 PGC 产生的专业化的内容能更好地吸引、沉淀用户。

③　中台：运用系统的通用化能力进行打包整合，通过接口的形式赋能到外部系统，从而达到快速支持业务发展的目的。中台属于业务前台和资源后台之间的组织模块，负责把后台的资源整合成前台所需的"中间件"，方便随需调用。中台通常分为三类：业务中台、数据中台和组织中台。

续提升精品创作力度，不断加强优质内容供给。按照一流新型主流媒体的价值追求，加大新闻冲奖工作力度，设立量化目标责任制，力争在广东新闻奖、中国新闻奖等方面取得新突破。建立编委会、采编部门两级精品题材库，明确责任，挂图作战，分级督导。以名记者名编辑工作室为基础，探索组建5G工作室、区块链工作室、AI工作室，以智能技术赋能精品生产。对标对表优秀媒体，以"走出去、请进来"的方式组建由媒体专家、院校专家、协会专家组成的精品生产导师团队，以智力赋能精品生产。重视内容精品的渠道分发和有效传播，以更优传播力赋能精品生产。

（三）融媒技术创新行动

强化技术引进。按需引入智能写作、智能视频制作、AI学习、数字人、AR/VR/MR①/XR等应用技术，用于新闻采集、生产、分发、接收、反馈全过程，改善新闻生产传播条件和环境，推动技术服务内容向技术驱动内容转变。深化技术应用。加强技术队伍的专业能力提升，建立日常业务能力培训机制和评价体系，不断提升先进技术和工具引进后的内部应用适配性改造质量，加大媒资系统、运营系统、内容管理系统、稽核系统、小程序等内部中小规模应用的自主研发力度。利用区块链技术搭建数字版权保护、数字资产管理基础平台，探索物联网技术在信息终端覆盖方面、自然语言处理技术在语音交互方面、人工智能在智能问答、智能搜索方面等场景的应用。推进云服务架构的建设，实现生产平台智能化、传播平台精准化，形成社交媒体与新

---

① MR："Mixed Reality"，译作"混合现实技术"，是虚拟现实技术的进一步发展，该技术通过在现实场景呈现虚拟场景信息，在现实世界、虚拟世界和用户之间搭起一个交互反馈的信息回路，以增强用户体验的真实感。混合现实不仅提供新的观看方法，还提供新的输入方法，而且所有方法相互结合，从而推动创新。

闻传播相结合，自有渠道和公共渠道相促进的社交化传播矩阵。加快技术应用沉淀。适时部署搭建业务和数据中台，不断推进智慧办公、智慧人力、智慧财务、智慧采购等项目协作，完成内部应用的统一用户认证，实现业财一体化、合同归档管理，利用 AI 提高文档的排版、写作和纠错质量，提升会议记录报告的生成和编辑整理效率，通过数据贯穿和联动内容、运营、经营、管理，探索业务数据一体化汇聚、分析和可视化，推动集团数字化转型。

（四）体制机制改革行动

深化机构职能改革。根据智能媒体、"四全"媒体的建设需要，优化集团职责职能、目标定位，加强机构职能改革，科学设置部门架构，推进项目制、事业部制改革，建立与媒体深度融合发展相适应的机构体制。深化国有文化企业改革，稳妥推进混合所有制改革，加强与外部合作，进一步拓展多元产业、完善经营机制、优化资源配置，不断增强企业竞争力、创新力、影响力和抗风险能力。优化体制机制建设。加大顶层设计和体制机制创新力度，以现代企业管理制度为底座，深化机构、人事、财务、薪酬、采编、经营等方面的改革，打造"精致媒体"，以效益为导向全面推动精细化管理，推进减员增效、减耗增益、减支增收，探索建立更具导向性、操作性、科学化、现代化、市场化的行政、采编和经营运作机制、栏目频道设立机制、薪酬机制、管理机制等，构建资源集约、结构合理、差异发展、协同高效的全媒体生产、传播、产业体制机制，全面提升管理的规范化、专业化、信息化、精细化水平。优化行政管理服务。以加强执行力建设为抓手，建立行政服务质量评价、行政审批简化机制、首问负责制、绿色通道机制，实现精兵简政和管理效能大幅提升。探索实施阿米巴①组织，实行"量化分权②"，建立有利于提高管理决策效率的授权体系。严格落实党风廉政建设责任制、意识形态工作责任制和"一岗双责"制度，完善巡检督查、法务财务、监督审计、纪律作风等制度，建成更加面向融合发展、覆盖全类别业务的风控体系，坚持用制度管人、管事、管导向、管资产、管经营，营造风清气正的媒体环境。

（五）文化产业拓展行动

着力优化升级，推动传统业务"上新"。加快传统广告数字化转型，建立户外广告传播矩阵，进一步开发户外广告平台尤其是 LED 屏和社区电子屏的媒介属性和传播功能，拓展交通枢纽性媒体和城市中心户外媒体。全力推进发行、印刷业务转型，实现发行、印刷传统业务降本增效，减员增益。开发新兴业务板块，打造优质新增长极。推动各经营实体做强做精做大主业，进一步做好舆情智库、文化创意、

---

① 阿米巴："阿米巴"（Amoeba）一词来自拉丁语，是指生物学中的单个原生体，其最大的特性是能够随外界环境的变化而变化，不断地进行自我调整来适应所面临的生存环境。这种生物由于其强大的适应能力，在地球上存在了几十亿年，是地球上最古老最具生命力和延续性的生物体。阿米巴经营起源于日本，风靡于全球，是一种基于精细的部门独立核算管理制度之上的赋权经营方式。将企业划分为"小集体"，像重复进行细胞分裂的"阿米巴"——各个"阿米巴"以各自的领导为核心，自行制订计划，独立核算，持续自主成长，让每一位员工成为主角，全员参与经营，依靠全体智慧和努力完成企业经营目标。

② 量化分权：实施阿米巴经营必须配套量化分权措施。它指在多层次、多机构的决策系统中，根据任务目标进行权力合理分派的规定和制度。企业在明确的经营理念、原则指导下，以计划为基础，实现权利、责任的同时下放，要求员工"对经营的结果真正负责任"。量化分权给予了员工更大的过程决策空间，是真正的授权，是实现培养人才的经营模式。其主要做法是事前以计划作为基础来审批费用；事中费用使用时，关注费用的使用"是否符合目的、是否合理"；事后根据费用使用所获得的收益，评价费用使用效果、效率。量化分权既能有效化解分权风险，促进费用使用效率最大化，又能进一步释放员工智慧和潜能，培养人才。

内容版权等业务，做强教育培训、视频制作、新媒体代运营等优势较为突出的业务板块。全面下沉村社区市场，挖掘制造企业需求，填补业务市场空白，形成具备较强竞争力和较佳效益的新兴业务板块体系。扎实做好城市媒体专业运营商，紧抓东莞市融媒体中心建设契机，加大市镇融媒共建工作力度，创新构建市镇媒体深度融合发展项目合作模式，通过技术系统、媒体平台、内容生产、队伍建设等深度共建共享，助推镇街融媒体中心共建项目提质增效。实施"文化＋"，培育跨界发展新动能新业态。扎实做好城市文化综合服务商，以"文化＋"积极拓展多元产业，积极布局数字文化产业，将前沿数字技术应用与报业经营有机融合，创新数字经济发展模式。集聚东莞各项文化资源数据，培育数字化文化生产线，构建文化数字化生产、流通和消费体系。将传媒与文旅深度融合，组建文旅产业公司，探讨建设文化产业园区，积极打造文化全产业链企业集群。促进传媒与文化教育深度交融，积极开展教育培训、文化传承与保护等项目，大力建设国防教育服务中心、青少年校外活动中心，组建科普集团。促进传媒与会展会务行业融合，开拓组展服务、展务服务、会务服务、产业对接、赛事活动等项目。

（六）人才引育优化行动

完善人才引进体系，用好市人才政策，实施宣传思想文化"千名人才引进计划"，深化人才合作，建立人才需求库，明确引才目标，改善引才方法，扩宽引才渠道，提升引才效果，引进媒体深度融合发展急需的采编、策划、运营、技术、管理人才，打造一支核心骨干带头作用明显、人才梯队分布合理的全媒体特种部队。完善人才培育体系，实施好新的《员工综合素质提升三年计划》，加速推进采编、经营、行政各业务板块全员全媒体深度转型，灵活运用内部学习、联合培训、引智教学、外出进修等方式，孵化打造一批内部课堂培训品牌 IP，输送一批优秀人员外出学习，重点培养一批高级管理人才、业务领军人才和年轻优秀人才，选育一批全媒型全能型人才。加强对"40、50"人员的培训，促使其加快转型、自我提升、自我增值。完善人才使用体系，建立人才全周期服务，精准动态配置人力资源，健全年轻人才储备、后备干部培养、中层干部轮岗锻炼等三级人才培养机制，深化职务职级"双通道"、挂职交流、部门轮岗等制度革新，实行职业经理人制度，多渠道拓展人员晋升通道。按照"多劳多得、优劳优得""能上能下、能进能出"的原则，调整优化薪酬激励机制、干部竞岗机制，探索中长期激励机制、干部退出机制、员工队伍优化及淘汰机制，完善容错纠错机制，充分调动广大员工积极性、主动性、创造性，鼓励干部职工立足岗位建功立业。

▶后　记

随着信息技术的飞速跃进和新媒体的蓬勃兴起，媒体融合已从初始的"简单叠加"阶段跃升至"深度相融"的高质量发展阶段。在这一变革过程中，东报传媒作为地市级媒体融合的先行者和探索者，其丰富的实践经验和显著的融合成效为我们提供了宝贵的启示。

一、坚持"内容为王"理念：由"信息供给"转向"价值共创"

在数字传播时代的信息过载环境中，东报传媒坚持"内容为王"的理念，持续深耕高质量的内容产品，这不仅是对传统价值的坚守，更是对现代传播理念的深刻洞察。从传播学视角来看，这一理念体现了从"信息供给"向"价值共创"的转变与跃升。媒体不再仅仅是信息的传递者，而是成为公众讨论、意义构建的重要平台。东报传媒通过创新内容生产机制，鼓励用户参与、反馈与共创，不仅拓展了内容的多样性与深度，更促进了社群认同与公共领域的建设。这一过程彰显了梅罗维茨的"媒介情境论"在信息社会的新应用——媒体技术的融合不仅改变了物理空间，也重构了社会情境与信息传播模式。公众真正地成为媒体深度融合的价值共创方。

二、坚持"技术创新"理念：将技术作为驱动媒体融合的核心动力

技术创新是驱动媒体融合的核心动力，东报传媒在这一方面的实践，深刻体现了麦克卢汉"媒介即讯息"的预言。大数据、云计算、VR、AR乃至人工智能等技术的引入，不仅提高了传统新闻的生产效率，更重要的是重塑了传播生态与用户体验。这些技术不仅使内容分发更加精准、高效，还赋予了用户更多的主动性与控制权，实现了从"被动接收"到"主动探索"的转变。同时，技术融合还促进了"液态的新闻业"的发展，从侧面印证了曼纽尔·卡斯特的"流动空间"理论——新闻事件与传播信息在多种媒介形态间的无缝流转与持续发酵，而作为地市级主流媒体的东报传媒则在这个无缝流转与持续发酵的过程中，不断地通过生产高质量的内容产品，持续提升着自身的传播力、影响力、引导力乃至公信力。

三、推动体制与机制革新：构筑媒介化导向的动态适应型组织架构

在全球信息化浪潮的汹涌冲击下，传统媒体的组织架构与运营模式面临了前所未有的挑战与考验。东报传媒作为时代的领航者，主动迎接变革，通过一系列体制与机制的革新，巧妙地应对了这一历史性的转折。一方面，东报传媒紧跟时代的步伐，引入了绩效考核、灵活用工以及项目制运营等创新机制，这是对斯图亚特·霍尔"文化循

环"理论的深刻理解和实践。霍尔曾深刻指出，文化是一个不断循环、持续更新的过程，媒体组织同样需要不断创新与变革，以适应外部环境的快速变迁。东报传媒借助这些创新机制，灵活调整资源配置，始终保持高度的市场敏感度和创新能力，从而在媒体融合的深入发展中稳固地占据了领先地位。另一方面，麦克卢汉曾言"媒介即环境"，这一观点为东报传媒的变革提供了重要的启示。东报传媒勇于打破常规，实施了去中心化的组织改革，采用更为灵活、高效的扁平化管理方式，从内部重构了媒介环境。这一变革不仅促进了采编、经营、行政等部门之间的紧密合作与协同创新，还为媒体内容的创新与传播奠定了坚实的基础。东报传媒通过这一系列的体制与机制革新，成功地构建了媒介化导向的动态适应型组织架构，为应对全球信息化浪潮的挑战提供了有力的保障。

四、完善人才储备与梯队建设：实现媒体深度融合的重要基础

进入新媒体时代以来，新闻媒体面临新兴技术冲击、经营压力增大等风险挑战，亟须提升新闻队伍素质能力。习近平总书记在党的新闻舆论工作座谈会上指出："媒体竞争关键是人才竞争，媒体优势核心是人才优势。"党的二十届三中全会强调，教育、科技、人才是中国式现代化的基础性、战略性支撑。在技术颠覆、市场竞争等多重风险挑战并存的情形下，东报传媒大力推进新闻工作队伍建设，完善人才储备与梯队建设。近年来，东报传媒不仅建立起了"行政职能＋新闻采编＋市场经营"多层次的优秀人才团队，更逐步破除了媒体融合进程中出现的技术中心主义、唯数据论及唯市场论等思想藩篱。在观照新

闻从业者的工作与生存境况的情况下，东报传媒开始以人本主义的观念重新审视媒体融合的发展实践，做到从生产端促进新闻内容与新闻产品更好地为了人、新闻价值更多地属于人。

五、结语：媒体融合和地市级媒体的双向奔赴

媒体融合本质上是对资源的有效整合与优化配置。当下，全国大多数地市级媒体仍然面对着跟风布局求大求全、融合发展定位模糊、技术应用不精不深、人才支撑有待强化、评价体系尚不健全等重点难点问题。[1] 然而，由于各地市级媒体都根植于独特的地域文化和社会环境之中，因而地市级媒体的深度融合依然拥有着广阔的自主空间和无限的创新潜力。

本书深入剖析了东报传媒媒体融合的案例经验。从内容供给到价值共创，从技术创新到人才培育，再到持续深化的体制机制改革，东报传媒的各个环节都紧密相连、相互促进，共同推动其媒体融合之路向更深层次、更广阔领域拓展，为各地市级媒体的深度融合发展提供了宝贵的经验参考。

党的二十届三中全会明确提出"构建适应全媒体生产传播工作机制和评价体系，推进主流媒体系统性变革"。这一指导思想为地市级媒体的融合之路提供了重要指引。各地市级媒体应深入挖掘本地资源，讲述具有地方特色的故事，塑造独特的品牌形象，为经济社会的高质量发展贡献媒体力量。

---

[1]　黄楚新、郭海威、许可：《多位一体与多元融合：中国地市级媒体融合发展进路》，《新闻爱好者》2023 年第 3 期。

东报传媒的成功案例启示我们，媒体融合发展是一场持续性的系统变革。在新的起点上，地市级媒体需要主动适应新的形势任务要求，深刻把握媒体转型的内在规律，以新质生产力激发媒体融合新动能，全面提升传播力、引导力、影响力、公信力，奋力开创新型主流媒体高质量发展的新局面。

展望未来，在党的二十届三中全会精神引领下，宣传思想文化工作面临新形势新任务，媒体人也必须有新气象新作为。在媒体深度融合的新征途上，地市级媒体应将全身心投入进一步全面深化改革的历史浪潮，深刻领悟"两个确立"的决定性意义，增强"四个意识"、坚定"四个自信"、坚决做到"两个维护"，胸怀"国之大者"，自觉为党分忧、为国尽责，继续自我革命、守正创新、永不停步，奋力书写中国式现代化建设的新篇章！